D1997912

Georgia Lori

GENIESSEN UNTER
FREIEM HIMMEL

Vogelsberg und Wetterau

DIE 75 SCHÖNSTEN
RESTAURANTS UND LOKALE
FÜR DEN SOMMER

VERLAG

GENIESSEN UNTER FREIEM HIMMEL
Vogelsberg & Wetterau

© 2008 B3 Verlag, Norbert Rojan, Markgrafenstraße 12, 60487 Frankfurt
Alle Rechte vorbehalten. Das Werk einschließlich seiner Teile ist urheberrechtlich geschützt. Jede Verwertung außerhalb der engen Grenzen des Urheberrechtsgesetzes ist ohne Zustimmung des Verlages unzulässig und strafbar. Das gilt insbesondere für Kopien, Einspeicherung und Verarbeitung in elektronischen Systemen.

Mehr Information zum Programm des B3 Verlags unter www.bedrei.de

Layout und Satz: Fagott, Ffm
Umschlag: O'Hammond Art Direction, Frankfurt am Main
Umschlag-Motiv: B3 Verlag
Druck und Bindung: Holtz AG, Neudrossenfeld

 ISBN 987-3-938783-42-9

Vorwort

GEORGIA LORI

Die Wetterau liegt nördlich von Frankfurt, östlich des Taunus und südwestlich des Vogelsbergs. Sie ist eine der fruchtbarsten Landstriche und eine der ältesten Kulturlandschaften Deutschlands.

Eine Region der Superlative ist die Wetterau nicht nur in historischer und kultureller Hinsicht, sie bietet auch viele kulinarische Überraschungen.

In altehrwürdigen Schlössern und Burgen, gepflegten Gasthöfen, romantisch gelegenen Gartenlokalen und mehr als nur regional bekannten Restaurants läßt es sich herrlich schlemmen und genießen.

Gastfreundschaft wird in der Wetterau groß geschrieben, immer mit einem Hauch Lokalkolorit gepaart und den landschaftlichen und geschichtlichen Besonderheiten der Region gemixt. Schließlich wurde die Ertragskraft der Wetterau seit der Zeit Friedrichs I. durch die gezielte Förderung der städtischen Zentren Frankfurt, Wetzlar, Gelnhausen und Friedberg erhöht.

Aber auch dem gastronomischen Aspekt wurde dabei mehr und mehr Bedeutung zugeschrieben.

Rauher und ursprünglicher präsentiert sich der Vogelsberg als Vulkan. Über viele Millionen von Jahren ergossen sich immer wieder Lavamassen aus Schloten und Spalten über die Erde, bis ein Vulkanfeld von 60 Kilometer Durchmesser entstand. Der waldreiche Hohe Vogelsberg mit Gipfeln über 700 Meter ist umgeben von einer parkartigen Landschaft. In dieser garantieren die Gasthöfe Erholung pur, sie bieten Familienfreundlichkeit und frisches Fleisch aus eigener Zucht. Die Vogelsberger Gasthöfe sind gepflegt, die Menschen bodenständig und die Natur einladend. Hausgemachte Spezialitäten tragen zu einem hohen Wohlfühlfaktor bei.

Familien, Radfahrer, Wanderer und Spaziergänger fühlen sich in dem Mittelgebirge wohl und genießen nicht nur in den idyllischen Gasthöfen sondern auch in den Gartenlokalen Ursprünglichkeit, freundlichen Service und entspannende und glückliche Momente.

Die Symbole sind:
der Lorbeerkranz für die besten drei Lokale innerhalb ihrer Rubrik

1-3 Kochmützen für die Küche
1-3 Eurozeichen € für die Preise
1-3 Blumen für das Ambiente

Es gibt auch halbe Punkte

LANGEWEILE IST
ETWAS, WAS DIE
NATUR NICHT
KENNT, SIE IST
EINE ERFINDUNG
DER STÄDTER

HERMANN HESSE

Al Cavallino

ALTENSTADT

BUON APPETITO
BEI PFERDEWIEHERN

KIND & KEGEL | KÜCHE | PREIS € € | AMBIENTE

„Das Glück der Erde liegt auf dem Rücken der Pferde!", sagt ein altes Sprichwort. Zu Gast bei Gaetano Battaglia im Al Cavallino läßt sich darüber philosophieren, ob das Glück nicht eher seinen Platz in den Töpfen des Kochs und von dort auf die Teller der Gäste gefunden hat. In dem Lokal auf dem Gelände des Reiterhofes Messerschmidt, werden die Gerichte mit Sorgfalt und viel Passion für das Kochen zubereitet. Gaumen und Lebensfreude miteinander verbinden ist das Ziel des Hauses. Ein bißchen fühlt sich der Gast, wie im Urlaub in Italien. Im April 2006 hat Battaglia das Lokal in Altenstadt übernommen und komplett renoviert. Das Ergebnis läßt sich sehen.

Die Gasträume und der Biergarten sind geschmackvoll und mit viel Liebe zum Detail im warmen, mediterranen Stil ausgestattet. Im Restaurant sitzt man am urgemütlichen Kaminofen mit Blick in die Reithalle. Im Biergarten hört man die Pferde wiehern und sieht den Reitern nebenan bei diversen Spring-und Dressurübungen zu. Ein Brunnen gluckst leise vor sich hin. Täglich wechseln frische italienische und deutsche Spezialitäten. Es gibt knackige Salate, die nach Wunsch zusammengestellte Pizza aus dem Holzofen sowie überbackene Fleisch- und Nudelgerichte. Die Speisen werden persönlich vom Chef zubereitet und machen das Cavallino zu einem Geheimtipp für verwöhnte Gaumen. Zu erwähnen ist noch die ausgezeichnete Auswahl an Weinen, die von Winzern aus Sizilien zusammengestellt wurde und so edle Tropfen wie den Gravi di Gavi aus dem Piemont vorhält.

RISTORANTE PIZZERIA AL CAVALLINO
BÖHMENSTRASSE 10
63674 ALTENSTADT

TELEFON UND FAX 06047-977444

MO BIS SO 11.30 UHR BIS 14.30 UHR
UND 17.30 UHR BIS 23.30 UHR

WARME KÜCHE BIS 22.30 UHR

WWW.CAVALLINO-ALTENSTADT.DE

Alt Büdingen

BÜDINGEN

CIAO,
BELLA ITALIA!

KIND & KEGEL | KÜCHE | PREIS | AMBIENTE

Wer gerne in der Nähe von belebten Plätzen seine Mahlzeit einnimmt, der ist im Ristorante Pizzeria Alt Büdingen goldrichtig. Das Haus liegt direkt am belebten Marktplatz der Fürstenstadt und erfreut sich eines guten Zulaufs, trotz oder vielleicht wegen seiner exponierten Lage. Inhaberin Emanuela Branca quittiert die Treue ihrer Gäste täglich mit einem freundlichen Lächeln. Die junge Frau und ihr Bruder Maurizio sind leidenschaftliche Kellner. Bombina Branca, die Mutter der Beiden, führt die Regie in der Küche und Vater Pietro macht sich dort nützlich, wo er gebraucht wird. Der gut geführte Familienbetrieb, der sich 2006 in der romantischen Altstadt Büdingens etabliert hat, ist mittlerweile zu einem kulinarischen Geheimtipp avanciert. Dies hat er nicht nur der italienisch geprägten Speisekarte zu verdanken, mit einer abwechslungsreichen Auswahl an beliebten Spezialitäten aus dem Land der Zitronen. Die gebürtigen Kalabrier verfügen über 35 Jahre Erfahrung im Gaststättengewerbe, das spürt man. Sie bieten hausgemachte Nudeln, frischen Fisch am Wochenende, dünne Bandnudeln mit Gambas und Hummersauce oder Pizza, belegt mit Rucola und Parmaschinken an. Die 40 Außenplätze sind mit bunten Sonnenschirmen beschattet. Das Alsfelder wird frisch gezapft und neben italienischen Weinen wie Chianti und Frascati, wird auch der in Kalabrien bekannte Meliseo aus biologischem Anbau offeriert. Gelegentlich gibt es eine italienische Nacht mit Live-Musik.

RISTORANTE PIZZERIA
ALT BÜDINGEN
MARKTPLATZ 8
63654 BÜDINGEN

TELEFON UND FAX
(06042) 979500

GEÖFFNET
TÄGLICH 11.30 BIS 14.30 UHR
UND 17.30 BIS 0 UHR

Alte Mühle

BAD VILBEL

SCHLEMMEN
AN DER NIDDA

BEWÄHRT & BÜRGERLICH

KÜCHE

PREIS

AMBIENTE

Gutes Essen, eine fantasievolle Karte und liebevoll angerichtete Speisen bietet das Restaurantcafé Alte Mühle. Der freundliche Service und das schöne Ambiente tun das ihre, um sich im gemütlich eingerichteten Lokal an der Nidda richtig wohl zu fühlen. Weil dies alles in der Brunnenstadt bekannt ist, empfiehlt es sich, abends und am Wochenende zu reservieren. In der Alten Mühle kann der Gast nicht nur gut essen, die Seele baumeln lassen und fröhlich sein, getreu dem Motto des griechischen Philosophen Aristoteles „Lachen ist eine körperliche Übung von großem Wert für die Gesundheit", sondern auch so liebevoll hergestellte und hausgemachte Kreationen probieren, wie leckere Kürbissuppe mit Sahnehäubchen und Amarettini. Die Speisekarten sind variationsreich abgestimmt auf Frühstück, Lunch und Dinner und bieten eine Vielzahl kulinarischer Überraschungen. Wer die Wahl hat, hat die Qual, wie etwa zwischen hausgemachter Rinderbrühe mit Speck Semmelknödel oder gebackenem Kürbis mit Mango-Senfdip und gebratenen Putenbruststreifen, an buntem Salatbouquet. Streusel, Apfelkompott und frische Sahne wird unter dem fantasievollem Namen „Verschleiertes Bauernmädchen" angeboten. Im Sommer erlaubt es der Außenbereich beschattet im Freien zu sitzen. Unweit der Nidda kann man belustigt dem Schnattern der Enten lauschen, frischen Apfelsaft oder ein frisch Gezapftes genießen. Zu empfehlen sind die knackigen Salate mit schmackhaftem Dressing.

RESTAURANTCAFÉ ALTE MÜHLE
LOHSTRASSE 13
61118 BAD VILBEL

TELEFON 06101-127283

MO 17 BIS 1 UHR
DI BIS SA 11 BIS 1 UHR

SONN- UND FEIERTAG 10 BIS 1 UHR

WWW.ALTEMUEHLE.NET

Apfelweinkelterei Haas

ORTENBERG

SÜFFIGES STÖFFCHE

APFELWEIN & HANDKÄS | KÜCHE | PREIS | AMBIENTE

Sie ist urig und klein, die Süßmost- und Apfelweinkelterei mit Gastwirtschaft von Peter Haas und doch ein Treffpunkt mit gewissem Flair. In der heimeligen Stube, in der maximal 55 Gäste Platz finden, trifft man sich am liebsten zu einem "Stöffche" das frisch vom Faß aus dem Bembel ausgeschenkt wird – ohne Konzentrat, versteht sich. Bier gibt es nur in Flaschen. Die Gaststätte, die seit 300 Jahren existiert, befindet sich seit 110 Jahren im Besitz der Familie und war noch bis 1888 ein Haltepunkt für Postkutschen. Damals kehrten Bauern, die ihre Butter in Frankfurt verkauften, zur Übernachtung ein. Früher lag der Haltepunkt für die Personen-und Güterzüge der Hauptstrecke Frankfurt-Lauterbach nur wenige Meter von der Gastwirtschaft entfernt. Wenn der Zug aus Richtung Lauterbach kam, war das Fenster der Lok nach der Gaststätte ausgerichtet und der Lokführer streckte ein Glas oder einen Bembel heraus und ließ ihn sich mit Apfelwein füllen, bevor die Fahrt weiterging. 1976 wurde der Personenverkehr eingestellt, 1985 der Güterverkehr und zwei Jahre später wurden die Gleise weggerissen. Die Speisekarte ist klein, deftige Kost ist angesagt, wie etwa Rippchen mit Kraut. Nebenbei gibt es Gelee aus eigener Herstellung solange der Vorrat reicht. Peter Haas keltert bis zu 200000 Liter Apfelwein und Saft pro Jahr aus Äpfeln von Streuobstwiesen der Region. Eine Keltereibesichtigung ist jederzeit möglich. Der Niddertaler Apfelwein mit 5,5 Prozent Alkoholgehalt ist auch in regionalen Verbrauchermärkten oder Gaststätten erhältlich.

APFELWEINKELTEREI UND
GASTWIRTSCHAFT PETER HAAS
NIDDERTALSTRASSE 2
63683 ORTENBERG-ECKARTSBORN
TELEFON UND FAX 06046-1277

GASTSTÄTTE
TÄGL. AB 17, SO AB 16 UHR
MO RUHETAG

GETRÄNKEABHOLUNG
TÄGL. VON 9 BIS 18 UHR
WWW.KELTEREI-HAAS.DE

Bahnhof Glauberg

GLAUBERG

KÖNIGSBERGER KLOPSE
AN JUGENDSTIL

KIND & KEGEL | KÜCHE | PREIS | AMBIENTE

Das Stilleben ist aussagekräftig. Es zeigt Natursandstein, abgeschliffene Originaldielen, Lehmputz und mittendrin bequeme Ledergarnituren. Mit Inbetriebnahme des Erdgeschosses, eröffnete das Hammersbacher Pächterehepaar Susanne Rehberg und Christian Jonca am 1. September 2007 die gastronomische Lokalität im ehemaligen Bahnhofsgebäude in Glauberg.

Der historische Landbahnhof mit Anklängen Darmstädter Jugendstils wurde 1905 erbaut. Als die Bahn Anfang der 90er Jahre den Betrieb einstellte, verfiel das Kulturdenkmal. Heute zeigt es sich als regionales Schmuckstück. Die Räume im Erdgeschoss gliedern sich in einen Nichtraucherbereich (früherer Wartesaal), ein Kaminzimmer (einstige Gepäckhalle) und eine Lobby mit Theke. 50 Sitzplätze stehen im Innenbereich zur Verfügung. Die frühere Fahrkartenausgabe dient als Durchreiche von der Küche zur Theke. Unter dem Motto „Nostalgische Küche aus Omas Zeiten mit kulinarischer Raffinesse" kommen Königsberger Klopse oder uriger Sauerbraten auf den Tisch. Draußen gibt es einen gemütlichen Biergarten mit 60 Plätzen und einem zusätzlichem Ausschank für Radler. Toiletten sind in einem Waggon integriert. Ein Brunnen soll reaktiviert werden.

Tipp: Prof. Dr. Egon Schallmayer, Hessischer Landesarchäologe

LANDGASTHOF BAHNHOF
GLAUBERG
HEEGHEIMERSTR. 14

63695 GLAUBURG
TELEFON 06041-9605144

DI BIS SA VON 17 BIS 23 UHR

UND SO VON 11.30 BIS 22 UHR
MO RUHETAG

WWW.LANDGASTHOF-GLAUBERG.DE

Bella Vista

ALTENSTADT

SCHÖNE AUSSICHT
MIT CARPACCIO

SCHICK & INTERNATIONAL | KÜCHE | PREIS | AMBIENTE

Bruschetta, Carpaccio di Carne, Frutta di Mare oder doch lieber Spaghetti? Vielleicht auch nur eine Pizza? Seit dem 16. Februar 2007 bietet das Ristorante „Bella Vista" im neuen Klubhaus des Golfplatzes Altenstadt italienische Gaumenfreuden. Eine schöne Aussicht auf den Platz können auch Nichtgolfer genießen. Das Klubhaus fällt besonders durch seine architektonische Chaletcharakteristik auf. Ein Steg führt über Wasser zum Glasgang, der Restaurant und Pro-Shop miteinander verbindet. Das Klubhaus besteht aus einem leicht wirkenden Walmdach aus Zedernholzschindeln, einer gläsernen Firstkuppel sowie Holz-und Glaswänden mit Unterbrechungen aus Basaltsteinmauerwerk und Betonsäulen. Der große Raum mit einer Mittelhöhe von 5 Metern ist in mehrere Bereiche gegliedert. Auf dem Podestbereich erstreckt sich der Tresen mit dahinter liegender Küche und daneben, erhöht, ein Kolleg mit 25 Sitzplätzen. Im Hauptteil des Restaurants mit 45 Plätzen hat man Zugang zur Terrasse, die 70 Plätze bereithält. Alle Gerichte gibt es auch zum Mitnehmen. Eine Tischreservierung wird empfohlen.

RISTORANTE BELLA VISTA
OPPELSHÄUSER WEG 5
63674 ALTENSTADT

TELEFON 06047-986838

GEÖFFNET
MO VON 17 BIS 23 UHR
DI BIS SA VON 11 BIS 23 UHR
SO VON 11 BIS 23 UHR

WWW.GOLFPLATZ-ALTENSTADT.DE

Tipp: Wilhelm Blatz, Geschäftsführer Firma Ille

Berggasthof Hohenrodskopf

SCHOTTEN

PANORAMABLICK ZU JEDER ZEIT

KIND & KEGEL | KÜCHE | PREIS | AMBIENTE

Fünf Gasträume mit 80, 70, zwei Mal 35 und 25 Sitzplätzen sowie eine Gartenterrasse und ein Biergarten mit weiteren 180 Sitzplätzen hält der Berggasthof für seine Gäste vor. Das Haus liegt direkt an der Spitze des Hoherodskopfes. Im Herzen des Vogelsberges gelegen, ist es ein reizvolles Ziel für Wanderer und Ausflügler: Gepflegte Gastlichkeit mit rustikaler Atmosphäre. Bei Interesse können Kutsch- oder Planwagenfahrten vermittelt werden, besonders im Frühjahr und Sommer bescheren diese einen herrlichen Ausflug in die Natur. Enttäuscht wird auch der nicht, der nach Übernachtungsmöglichkeiten sucht. Das Angebot umfaßt 38 Betten und eine große Ferienwohnung für bis zu 12 Personen. Die gemütliche Atmosphäre ist zu jeder Jahreszeit garantiert. Das riesige Platzangebot ist auch für größere Gruppen wie Busreisende oder Vereinsausflügler geeignet. Durchgehend wird warme Küche angeboten, mit einer großen, variationsreichen Auswahl an nationalen und internationalen Gerichten. Vogelsberger Spezialitäten und das beliebte Spanferkelessen sind die kulinarischen Renner im Berggasthof. Durch den Panoramablick über den Vogelsberg sind die Plätze im Biergarten besonders beliebt. Bekannt ist das Haus wegen seiner großen Kuchenauswahl und der Eisspezialitäten. Zur Standardkarte gibt es immer wieder wechselnde Monatskarten und Empfehlungen nach der Saison. Zahlreiche Freizeitangebote wie der Nidda-Stausee oder die 700 Meter lange Sommerrodelbahn befinden sich in unmittelbarer Nähe.

BERGGASTHOF HOHERODSKOPF
AUSSERHALB 4
63679 SCHOTTEN

TELEFON 06044-8222

DI BIS FR 11 BIS 18 UHR
SA BIS SO 10 BIS 18 UHR

MO RUHETAG

WWW.
BERGGASTHOF-HOHERODSKOPF.DE

Cafébar Casa Atrium

BÜDINGEN

FRISCHE ZUTATEN
MIT BISTROSTIL

APFELWEIN & HANDKÄS

KÜCHE

PREIS

AMBIENTE

Der Innenhof ist begrünt. Das Besondere: Es wachsen nicht nur Blumen und Kletterpflanzen in romantisch anmutenden Terrakottakübeln, sondern auch Kräuter, die für die frische, aromatische Zubereitung der Speisen in der Küche verwendet werden. Inmitten einer kleinen, versteckten Einkaufspassage befindet sich seit 1. Mai 2002 die von Inhaberin Jutta Allgeier geführte Cafébar. Im beschatteten Innenhof formieren sich bequeme Gartenstühle um rustikale Holztische. 45 Personen finden dort Platz. Sonnenschirme sind ausreichend vorhanden. Ihren Gästen bietet Allgeier gemeinsam mit ihrem Lebensgefährten Jurek Gryglewski, einem ausgebildeten Kellner, der in renommierten Hotels in Frankreich, der Schweiz und Deutschland arbeitete, bevorzugt Deutsche Küche an. Im Winter gibt es hausgemachte Suppen und Tafelspitz. Im Sommer locken knackige Salatteller mit frischen Zutaten, Steaks und Fisch vom Grill, geräucherte Forellen oder Handkäs mit Musik. Die Cafébar ist im belgisch-französischen Bistrostil eingerichtet, mit dunkelgebeizter Bar und Klavier. Drucke an den Wänden erinnern an bekannte Büdinger Künstler wie Martin Bauss oder Axel Gallun. Ergänzt werden sie durch Fotografien. Rund 50 Sitzplätze stehen dem Publikum im Innenbereich zur Verfügung. An heißen Sommerabenden sorgen Ventilatoren für kühle Luft. Auch gekelterter Apfelwein wird von einem Büdinger Landwirt geliefert, der besonders gut zu „Grie Soß" schmeckt, die auf Wunsch täglich zubereitet wird. Zum buntgemischten Publikum zählen Theaterleute, Politiker, Autoren und viele Stammgäste.

CAFÉBAR
BISTRO IM CASA ATRIUM
AN DER FAHRBACH 1
63654 BÜDINGEN

TELEFON 06042-2449
MOBIL 0160-98238099

GEÖFFNET
TÄGLICH 10-OPEN END
SO RUHETAG

Café Rheingold

BÜDINGEN

TOTES MAMMUT
ZUM LUNCH

KIND & KEGEL | KÜCHE | PREIS | AMBIENTE

Originell und vielfältig ist die Speisekarte im Café und Biergarten Rheingold. Außer „Ranzenmann Jan", einer Spezial-Edition mit extra Fleisch, können Gäste auch mit „Totes Mammut" oder „Grand Canyon" betitelte Speisen bestellen. Die komplette Dönerpalette steht auch in vegetarischer Ausführung auf der Karte. Begehrt ist die eingerollte türkische Pizza. Knackige Salate und wechselnde Tagessuppen werden ebenfalls angeboten. Schüler der benachbarten Berufsschule finden im Café eine Anlaufstelle für Frühstücksbrötchen, Mittagessen oder den Snack zwischendurch. Selbst Torten- und Kuchenliebhaber kommen auf ihre Kosten. Die Woche über steht Baklava, eine süße, orientalische Nachspeise aus Blätterteig mit Nussfüllung auf der Karte. Der Name Rheingold ist Büdingern ein Begriff. Das Restaurant nahe des Kreisverkehrs war einst ein Tanzcafé, nach dem Krieg eine Gaststätte und später ein Restaurant. Kurzfristig diente das Haus als Domizil für ein Modellbaugeschäft. Im Rahmen der Sanierung bietet nun die große Fensterwand in dreieckiger, kantiger Ausrichtung eine spannende Fassade. Innen sind viele gemütliche Bereiche eingerichtet. Gern gesehen sind Familien mit Kindern, auch im großen Biergarten.

Tipp: Rolf Gnadl, Ex-Landrat Wetteraukreis

CAFÉ RHEINGOLD
BAHNHOFSTRASSE 37
63654 BÜDINGEN

TELEFON 06042-69145

GEÖFFNET
TÄGLICH AB 9 UHR

SA UND SO AB 10 UHR

EXOTISCHES
MIT NOCH EXOTISCHEREN NAMEN

Cafe Romantik

BAD NAUHEIM

IM HERZEN
DES JUGENDSTILS

SCHICK &
INTEWRNATIONAL

KÜCHE

PREIS € €

AMBIENTE

Das Cafe Romantik befindet sich in einer wunderschönen Jugendstilanlage im Herzen von Bad Nauheim, wo auch heute noch die Ausgabe von Heilwasser stattfindet. Täglich können Gäste ein breites Angebot an Kaffee, Tee, Kuchen und kulinarischen Kleinigkeiten geniessen. Die regelmäßig stattfindenden Kur-und Jazzkonzerte der Bad Nauheimer Kurkapelle,

finden bei den Gästen großen Anklang. Die Tradition der Kurmusik reicht in Bad Nauheim über 150 Jahre zurück, in Zeiten, da im einstigen Söderdorf Nauheim 1835 mit der Eröffnung der ersten Solbad-Anstalt auf dem Gelände der späteren Dankeskirche die Geschichte des Badeortes begann. Wechselnde, in den Räumlichkeiten stattfindende Kunstausstellungen und Musikdarbietungen runden das kulturelle Angebot ab. Das individuelle und exclusive Ambiente der Kuranlage im Zentrum von Bad Nauheim, lädt nicht nur zu Trinkkuren ein, sondern ist auch ein idealer Ort für Feierlichkeiten und Veranstaltungen. Für fünf bis 500 Gäste ist hier der geeignete Rahmen für individuelle Wünsche und Ideen, ob geschäftlich oder privat, gegeben. Schlemmen und genießen läßt sich nicht nur im Innenraum des Cafes, sondern auch im Außenbereich, mit gepflegten Hecken und Blumenrabatten, bei frischer Luft, wärmenden Sonnenstrahlen und Vogelgezwitscher. Die um runde Tische gruppierten Stühle garantieren mit bunten Polsterauflagen ein angenehmes Sitzen. Weiße Sonnenschirme sorgen für den nötigen

CAFE ROMANTIK
ERNST-LUDWIG-RING 1
61231 BAD NAUHEIM

TELEFON 06032-344325

GEÖFFNET
DI BIS SA 12 UHR BIS 18 UHR
SO 12 UHR BIS 18 UHR

WWW.CAFE-ROMANTIK.COM

Casa Mia

STOCKHEIM

ITALIEN
UM DIE ECKE

KIND & KEGEL

KÜCHE

PREIS

AMBIENTE

Manchmal genügt ein Blick, um sich wohl zu fühlen. Ein auffallendes Ambiente, ein Bild, das an den letzten Urlaub in Italien erinnert oder nette Menschen, die Geschichten zu erzählen haben. Im Glauburger Ortsteil Stockheim liegt Italien um die Ecke. Man kann nicht nur den Kelten näher kommen, sondern zumindest kulinarisch auch dem Land, wo die Zitronen blühen. Inhaberin Caterina Rachor-Furone hat mit der Pizzeria Casa Mia und dem gepflegten Biergarten eine Oase geschaffen. Grünlackierte Gartenbänke und -stühle laden zum Verweilen in der Sonne – oder beschirmt im Schatten – zum Ausruhen ein. Ein plätschernder Brunnen, auffallend in der Mitte des Biergartens platziert, mit einem kleinen Bassin, verspricht an heißen Sommertagen kurzzeitige Abkühlung. Bepflanzte Kübel vermitteln südländisches Flair. Für Kleinkinder gibt es eine Rutsche, die zum Spielen einlädt. Rund 70 Sitzplätze weist der Biergarten aus. Erholen und satt werden, ist die Maxime des Hauses. Hunger muss in der Tat niemand leiden. Überbackene Nudelgerichte, Schnitzel, Rumpsteak, Fisch und 21 verschiedene Pizzen (die teuerste mit Lachs für acht Euro) sowie himmlische Desserts lassen keine Wünsche der italienischen Küche offen.

Tipp: Jürgen Störmer, Vizepräsident der Handwerkskammer Wiesbaden

PIZZERIA CASA MIA
BAHNHOFSTRASSE 19
63695 GLAUBURG-STOCKHEIM

TELEFON 06041-4484

GEÖFFNET
MI BIS MO 11 BIS 14 UHR
UND 17 BIS 24 UHR
DI RUHETAG

WO DIE ZITRONEN BLÜHEN

China-Drachen

LIMESHAIN

BUCHAUTOR
UND RESTAURANTBESITZER

EDEL & FEIN | KÜCHE | PREIS | AMBIENTE

Kui Zhu, 1953 in Peking geboren, veröffentlichte im Alter von 20 Jahren sein erstes Buch. In China ist er Mitglied des Chinesischen Schriftstellerverbandes und Herausgeber einer Zeitschrift. In Limeshain besitzt er sein Restaurant „Drachen" mit original chinesischer Sichuan-Küche. Dem chinesisch-deutschen Schriftsteller ist es ein Anliegen, die Kultur seines Landes nicht nur in literarischer, sondern auch kulinarischer Hinsicht unverfälscht zu vermitteln. Mit Hilfe des „Drachen" möchte er chinesische Tradition verkörpern und in Deutschland zeigen, dass chinesisches Essen nicht in Richtung Fast Food geht. In China gibt es acht verschiedene Stilrichtungen in der Küche des Landes. Über 50 verschiedene Naturgewürze werden nur in der Sichuan-Küche verwendet. Gekocht wird ohne Farbstoffe oder chemisch zugesetzte Substanzen. Die Küche aus der Provinz Sichuan ist bekannt für gesundes und gutes Essen. In seinem Restaurant legt Zhu Wert auf Stil. So sind in Glasvitrinen an der Wand antike Gegenstände wie Teller, Bilder und Figuren aus verschiedenen Dynastien ausgestellt. Das Eingangstor ist mit bunten Holzschnitzereien und Ziegeln aus chinesischem Stein erstellt. Der Innenbereich mit Wintergarten und Koi-Karpfen im Teich bietet 160 Sitzplätze, die Außenterrasse insgesamt 60 Sitzplätze. Zu empfehlen ist ein Tee vom Teedoktor, wie der „Babao cha", ein frisch duftender Chrysanthementee, der ausgezeichnet schmeckt und in China als Gesundheitstee und bewährtes Heilmittel bekannt ist. Spezialitäten gibt es vom Schwein, Huhn, Rind, Ente, Fisch und Vegetarisch.

RESTAURANT CHINA-DRACHEN
NEUHAUSSTRASSE 6–8
63694 LIMESHAIN

TELEFON 06048-952588

GEÖFFNET
MO BIS FR 17.30 BIS 24 UHR
WARME KÜCHE
SA, SO UND FEIERTAGE
12 BIS 24 UHR
KEIN RUHETAG

Das Waldhaus

BAD NAUHEIM

CUCINA
MUSICALE

WALDNAH & WANDERBAR | KÜCHE | PREIS | AMBIENTE

Inmitten des Bad Nauheimer Hochwaldes, nur 20 Fussminuten vom Ortskern der Kurstadt entfernt, liegt idyllisch das Waldhaus. Schon Kaiserin Elisabeth von Österreich (Sissi) war während ihres Kuraufenthaltes in Bad Nauheim ständiger Gast im Waldhaus. Auch heute kann man sich dort wohlfühlen, wo einst die Kaiserin dem Vogelgesang lauschte, jedoch mit

dem Unterschied eines modern geführten Gastronomiebetriebes. Das reichhaltige, ausschließlich frisch zubereitete Speiseangebot hat seinen Ursprung in erster Linie in der neapolitanisch-italienischen Küche. Die Küche ist vom Restaurant aus einsehbar. Dass hohe Kochkunst und Musik Gemeinsamkeiten haben, wird im Waldhaus nicht nur durch das Pfeifen des Kochs am Herd deutlich: Balladen beim Service, das Klavierspiel des Chefkochs beim Präsentieren einer Kreation der Küche oder das Saxophonspiel des Kochs. Der singende Service-Chef mit seiner bekannten, symphatischen Stimme macht den Service zu einem einzigartigen Erlebnis. Im Restaurant finden 45 Gäste, in den beiden sonnendurchfluteten Wintergärten weitere 42 Personen Platz. Die Waldhaus-Terrasse lädt mehr als 100 Personen ein. Im überdachten Hof gibt es diverse Grillstationen. Unterhalb der Terrasse bildet der Biergarten einen sanften Übergang zum Wald. Unter alten Bäumen ist alpenländische Gemütlichkeit mit separater Aussenbewirtung und Selbstbedienung garantiert. Der Kinderspielplatz lädt die Kleinen ein, sich phantasievoll zu beschäftigen. Im Sommer finden Live-Konzerte im überdachten Innenhof des Waldhauses statt.

DAS WALDHAUS
ROSBACHER STRASSE 20
61231 BAD NAUHEIM
TELEFON 06032-4422

GEÖFFNET
VON 11 UHR BIS 23 UHR
DURCHGEHEND WARME KÜCHE

WWW.WALDHAUS-BN.DE

Deutsches Haus

GREBENHAIN

ELFMETER
MIT BAUERNSCHMAUS

HEIMATLICH & RUSTIKAL

KÜCHE

PREIS

AMBIENTE

Fußballfieber im Eingangsbereich, eine Vitrine mit Fanartikeln, Zeitungsausschnitte und Fotografien. Entfernt erinnert das Deutsche Haus in Bermutshain an eine heimliche Hochburg von Fußballfans. Ein bißchen liegt man mit dieser Überlegung schon daneben. Fußball spielt im Leben von Geschäftsführer Ewald Däsch zwar eine Rolle, doch sind ihm Gastronomie und Hotellerie immer noch lieber als Fußballmanie. Das Geheimnis läßt sich leicht lüften: Mit drei Gastronomiebetrieben ist Däsch seit Jahren erfolgreicher Partner für das Organisieren von Trainingslagern der Fußballvereine Kickers Offenbach, SV Bernbach, FV Bad Vilbel, FSV Frankfurt, der Jugend der Eintracht Frankfurt und vielen mehr. Die Jungs trainieren nicht nur im Hohen Vogelsberg, sondern genießen auch das kulinarische Angebot des Hauses. Zur körperlichen Entspannung stehen Sauna, Infrarotwärmekabine, Whirlpool und Massagebad zur Verfügung. Das gepflegte Bier wird in der Poststube des Restaurants oder am Kachelofen in der Wirtschaft getrunken. Auf der Terrasse sind Sonnenplätze im Freien garantiert. Feinkost darf der Gast ebenso erwarten, wie gehaltvolle Gerichte, die die Berührung mit Sahne und Butter nicht scheuen. Regionalen Küchencharme versprühen die Vogelsberger Kartoffelsuppe mit Speck oder die Bratkartoffeln mit Blutwurst und Spiegelei. Mit reichhaltigen Sommersalaten vermittelt die Küche die Frische und Atmosphäre eines Picknicks im Grünen. Das Haus ist Kooperationspartner der Bonifatius-Route und liegt unweit der geschichtsträchtigen Strecke.

HOTEL RESTAURANT
DEUTSCHES HAUS
FULDAER STRASSE 5
36355 GREBENHAIN-BERMUTSHAIN
TELEFON 06644-1234 ODER 919688

DI BIS FR 10 BIS 14
UND 16 BIS 0 UHR
SA BIS SO 10 BIS 14
UND 17 BIS 0 UHR
MO GESCHLOSSEN
WWW.DAESCH.DE

Friedberger Brauhaus

FRIEDBERG

HOPFEN UND MALZ – GOTT ERHALT'S!

BEWÄHRT & BÜRGERLICH | KÜCHE | PREIS € € | AMBIENTE

Mitten im Herzen von Friedberg, auf der pulsierenden Kaiserstraße, lädt das Friedberger Brauhaus zur Einkehr ein. Unauffällig steht das Gebäude in einer engen Häuserflucht. Beim genauen Hinsehen fällt das Mauerwerk mit dem Kupferkessel auf. Mit dem Auto vorfahren kann man dort selten. Meist sind alle Parkplätze belegt und viele der parkenden Karossen mit Knöllchen hinter dem Scheibenwischer verziert. Dennoch hindert das niemanden daran, im Brauhaus einzukehren. Inhaber Walter Groß kann sich an eine Reihe prominenter Gäste erinnern, wie etwa an die Schauspieler Matthias Herrmann oder Claus Theo Gärtner von der Serie „Ein Fall für Zwei". Auch Talkmaster Jürgen von der Lippe hat sich in der Szenekneipe schon unter die Friedberger gemischt. Beliebt sind Angebote aus der bürgerlichen Küche, wie etwa Haxe vom Grill, Essen vom heißen Stein oder täglich frische Schlachtplatten. Auf der Speisekarte stehen auch Rubriken wie „Als Vorspeise oder nur so zum Bier" oder „Essen soviel Sie können". Werktags gibt es außerdem wechselnde Stammessen. In der kleinen Hausbrauerei werden aus feinsten Rohstoffen nach dem Reinheitsgebot aus dem Jahre 1516 das helle und das dunkle St.Florian-Bräu sowie die Saisonbiere Weizen und Bockbier handwerklich gebraut. Bei Temperaturen um den Gefrierpunkt wird das Brauerzeugnis gelagert bis sich der volle Biergeschmack entfaltet hat. St.Florian-Bier wird ungefiltert ausgeschenkt, mit dem vollen Gehalt an Eiweiß, natürlichen Vitaminen, Spurenelementen und Mineralstoffen.

FRIEDBERGER BRAUHAUS
KAISERSTRASSE 37–39
61169 FRIEDBERG

TELEFON 06031-62112

MO BIS SA 11 BIS 24 UHR
SO 11 BIS 22 UHR

250 SITZPLÄTZE AUF ZWEI ETAGEN

WWW.FRIEDBERGER-BRAUHAUS.DE

Fuchsbau

HIRZENHAIN

ESELSFURZ
IM BIERTEIG

HEIMATLICH & RUSTIKAL

KÜCHE PREIS AMBIENTE

Knorrige, riesige Wurzelstöcke an der Decke lenken den Blick des Betrachters automatisch nach oben. Eine Perspektive, wie sie der Fuchs aus seinem Bau heraus wahrnimmt. „Fuchsbau" heißt denn auch das Wirtshaus in Merkenfritz, das bereits 1876 als Bergwirtshaus mit Pferdeställen von Heinrich Rüb errichtet wurde. 1969 wurde es als Fuchsbau von Hans-Peter Langlotz neu eröffnet. Heute wird es von Hotelfachfrau Luzia Schneider und Köchin und Konditorin Dorette Roth geführt. Die Damen schwören auf deutsche Küche mit vielfältigen Kreationen vom hessischen Apfel. Sie bieten eine Vielzahl ausgefallener Gerichte an, wie den „Eselsfurz", ein im Bierteig gebackener Camembert mit Preiselbeeren und Apfel-Kraut-Salat. Auch das Vulkan-Baguette steht auf der Karte, womit Roastbeef auf Salat mit Apfel-Essig-Sauce und grünem Pfeffer gemeint ist. Pedaleure des Vulkanradweges finden eine Fahrradgarage vor. Die urige Atmosphäre mit offenem Kamin und Kachelofen, handgetöpferten und mit Sprüchen verzierten Deckenlampen, rauhem Putz und Butzenscheiben gibt es gratis. Ein urgemütliches Feeling vermitteln der knarrende Dielenfußboden und die Trophäen mit Wolpertinger. Wer sich nicht für ein Gericht aus der Speisekarte entscheiden kann, hat die Wahl zwischen Tagesangeboten oder raffinierten Desserts wie dem „Eiskalten Hund", einer Kindheitserinnerung aus Schokolade und Butterkeksen. 45 Plätze gibt es im Wirtshaus, 24 im Biergarten.

WIRTSHAUS FUCHSBAU
GEDERNER STRASSE 2
63697 HIRZENHAIN-MERKENFRITZ

TELEFON 06045-953238

DI VON 17.30 BIS 22 UHR
MI BIS SO VON 11.30 BIS 14 UHR
UND 17.30 UHR BIS 22 UHR
SO IST UM 21 UHR SCHLUSS

E-MAIL: FUCHSBAUWIRT@AOL.COM

Gehspitze

KARBEN

LUKULLISCHE WEGEGABELUNG

BEWÄHRT & BÜRGERLICH

KÜCHE

PREIS

AMBIENTE

Die Wegegabelung, an der sich die aus Klein-und Groß Karben kommenden Straßen noch heute treffen, nannte man schon Ende des 19. Jahrhunderts die Gehspitze. 1900 erbaute Karl Reitz dort das gleichnamige Gasthaus zur Gehspitze. Neben einem großen Saal besitzt die Gaststätte auch ein Café. Die gute Lage und die Nähe zum Bahnhof machen es zu

einem beliebten Treffpunkt. 1935 erwarben Margarethe und Karl Schröder die Gehspitze. Neben Tanzveranstaltungen wird der Saal für Kinovorführungen genutzt. 1936 eröffnet die erste Tankstelle in Karben direkt vor der Gaststätte. 1961 wird die zweite Generation Karl-Heinz und Gerda Schröder Mitinhaber. 1984 wird aus der Gehspitze ein gemütliches Lokal und ein Jahr später das Kino in der Gehspitze geschlossen. 1991 legt Enkelsohn Ralf Schröder in Lindau seine Meisterprüfung als Küchenmeister ab. 1992 entstehen sechs neue Gästezimmer, eine moderne Küche und ein neuer Eingangsbereich. Die Gäste erhalten nun im Ausschank Erbacher Pils serviert. 1995 übernimmt die dritte Generation die Gaststätte. 1999 präsentiert sich die Gehspitze nach der Renovierung im hellen und freundlichen Landhausstil. Der heutige Inhaber, Ralf Schröder, setzt auf eine rustikale Küche wie zu Omas Zeiten – in leicht abgewandelter Form. Bekannt ist die Gehspitze für die große Schnitzelauswahl. Schnitzel gibt es in den Varianten klassisch, überbacken, pikant, fruchtig, gefüllt und nudelig. Zu den Spezialitäten zählen auch die Groß-Kärber Pflastersteine, Schweinemedaillons auf Rösti.

HOTEL-RESTAURANT GEHSPITZE
BAHNHOFSTRASSE 72
61184 KARBEN

TELEFON 06039-3558
FAX 06039-46322

TÄGLICH AB 17 UHR, DO RUHETAG

BEI SCHÖNEM WETTER SONNTAGS DURCHGEHEND

WWW.GEHSPITZE.DE

Golf-Club

BAD NAUHEIM

GREENS
UND GRÜNE SOSSE

SCHICK & INTERNATIONAL

KÜCHE ■■■ PREIS €€€ AMBIENTE ■■■

Als nach dem Krieg die US-Amerikaner den Golfplatz übernahmen, ahnte niemand, dass 60 Jahre später der Golf-Club Bad Nauheim zum etabliertesten und erfolgreichsten Hessens avancieren würde. Angefangen hat es mit spielenden amerikanischen Offizieren und einem sensationellen Platzrekord von 62 Schlägen. Später wurde das hessische Staatsbad wieder Hausherr des Platzes. Heute gehören dem Club 540 Mitglieder an. Wegen seines familiären Charakters ist er für viele zur sportlichen Heimat geworden. Die Bad Nauheimer Golfer zählen zu den besten in Hessen und der Nachwuchs läßt auf die Fortsetzung dieser Tradition hoffen. 1996 erwarb der Club das gesamte Areal. Durch Sanierung wurde das Gelände zu einem der stilvollsten und gemütlichsten in der Region. Vom Restaurant und Café am Golf-Club läßt sich die reizvolle Atmosphäre inmitten von Greens und einer herrlichen Parkanlage besonders genießen. Im Sommer gibt es variationsreiche Salatspezialitäten. Liebhaber der Frankfurter Grünen Sosse kommen ebenfalls auf ihre Kosten. Gekochte Ochsenbrust mit Grüner Sosse und Bratkartoffeln gibt es für 8,90 Euro. Auch traditionelle Biergarten-Gerichte wie Bauernsülze, Handkäse mit Musik und gebratener Leberkäse sind gefragt. Pasta-Fans finden Nudelgerichte, wie Tagliatelle in Krustentierrahmsauce mit Babyshrimps, Tomate und Rucola zu 9,50 Euro auf der umfangreichen. Auch Nicht-Golfer sind natürlich herzlich willkommen.

RESTAURANT & CAFÉ AM GOLFCLUB
NÖRDLICHER PARK 21
61231 BAD NAUHEIM

TELEFON 06032-938839

BIS 31. OKTOBER TÄGLICH
DURCHGEHEND
VON 10 BIS 22 UHR GEÖFFNET

WWW.
RESTAURANT-AM-GOLFCLUB.DE

Gottmann

NIDDA

BIKER WILLKOMMEN!

HEIMATLICH & RUSTIKAL

KÜCHE

PREIS

AMBIENTE

Im Sommer lockt das Hotel-Restaurant Gottmann am Bergwerksring in Geiss-Nidda oft mit einer bunten Farbmischung. Drei Gaupen erheben sich aus dem ziegelroten Dach und thronen über dem Biergarten. Auf der grünen Wiese wachsen weiße Margeriten und mit etwas Glück lassen sich dort auch weiße, vom Wind zerzauste Wattewolken im lichten Blau bewundern. Hier rastet der Vogelsberg und zeigt seine stille Seite, atmet den Sommer über die Hügellandschaft bis in das Tal hinein. Zehn Gehminuten vom Staatsbad Bad Salzhausen entfernt, wird gemütliche, familiäre Atmosphäre in modernem Stil geboten. Küche und Weinkeller bieten Gaumenfreuden für Jedermann. Besonders willkommen sind Biker. Das Hotel-Restaurant Gottmann wurde kürzlich zum Fahrradfreundlichen Gastbetrieb gekürt. Es nimmt radfahrende Gäste auch für nur eine Nacht auf, stellt einen abschließbaren Raum zur Aufbewahrung von Fahrrädern zur Verfügung, bieten Trockenmöglichkeiten für Kleidung und Ausrüstung, ein auf Sportler abgestimmtes vitamin-und kohlenhydratreiches Frühstück, Radwanderkarten und Routenplaner. Im Biergarten finden 50 Personen Platz. Auf der Speisekarte stehen regionale Gerichte und Hausmannskost. Rainer Gottmann bietet seinen Gästen auch saisonale Events an, wie „Futtern bei Muttern" oder ein „Candlelight-Barbecue". Nicht nur im Grünen werden Licher, Franziskaner und Erdinger Weißbier sowie Apfelwein aus Hungen ausgeschenkt.

HOTEL RESTAURANT GOTTMANN
BERGWERKSRING 9
63667 NIDDA-GEISS-NIDDA

TELEFON 06043-40490

MO BIS SA VON 17.30 BIS 1 UHR
SO- UND FEIERTAGE

VON 10.30 BIS 14 UHR
UND 17 BIS 1 UHR

WWW.HOTEL-GOTTMANN.DE

Grossfeld

FRIEDBERG

GASTRAUM
DER SINNE

EDEL & FEIN | KÜCHE | PREIS | AMBIENTE

Die gedämpfte, leise Musik bewirkt schon beim Betreten des Raumes eine angenehme Entspannung. Über die hohe Decke des alten Fachwerkhauses fließt das warmfarbene Licht. Die wahre Bedeutung des „Gastraums der Sinne" entfaltet sich allerdings erst so richtig, wenn sich die seelischen Streicheleinheiten mit den leiblichen Genüssen verbinden. 35 Gäste à la carte finden im Restaurant Platz, im Bedarfsfall auch mehr. Der „Rosengarten" – der Name hält was er verspricht – schließt unmittelbar an und ist durch ein schmiedeeisernes Tor zu erreichen. Im Grossfeld, Gastraum der Sinne, ist die Speisekarte durch eine große Schiefertafel ersetzt. Darauf finden sich traditionelle und experimentelle Kreationen, in täglich wechselnder Abfolge, die je nach Wunsch zu individuellen Menüs kombiniert werden. Zuvor gibt es zwei Grüsse aus der Küche, um den Gaumen schon einmal einzustimmen. Gastgeber André Großfeld, Hessens jüngster Sternekoch, begann mit 17 die Lehre bei Alfons Schubeck. Nach Stationen in unterschiedlichen Sternerestaurants eröffnete er 2005 sein eigenes Restaurant. Großfeld sprüht vor kulinarischen Ideen und greift dabei auch auf die regionale Küche zurück, die er mit immer neuen Varianten bereichert. Ein Teil seiner Kunst gibt er in regelmäßigen Sendungen im HR-Fernsehen preis.

GROSSFELD
ERBSENGASSE 16
61169 FRIEDBERG-DORHEIM

TELEFON 06031-7918909

GEÖFFNET
DI BIS SA AB 18.30 UHR
SO UND MO RUHETAGE

WWW.ANDRE-GROSSFELD.DE

Haus Nidda

KARBEN

NICHT NUR FÜR SIEGER!

BEWÄHRT & BÜRGERLICH

KÜCHE

PREIS

AMBIENTE

Mitten im Grünen, umgeben von Schrebergärten, lädt die Sportgaststätte „Haus Nidda" im Vereinsheim des KSV Klein-Karben zum Verweilen ein. Mit der neuen Pächterin Branislavka Kramer setzt der Vorstand bisher ungekannte Akzente auf der gut sortierten Speisekarte. In der Küche und im Service wird die 42Jährige von fünf befreundeten Frauen aus Staaten Ex-Jugoslawiens unterstützt. Hygiene und ein angenehmes, sauberes Ambiente stehen an erster Stelle von Kramers Konzept, ebenso wie frische Lebensmittel für die Zubereitung der vielfältigen Speisen und ein vernünftiges Preis-Leistungsverhältnis. In der seit 30 Jahren bestehenden Vereinsgaststätte des KSV bietet sie internationale Spezialitäten an. Auf der Karte stehen nicht nur Gerichte aus Deutschland, sondern auch aus Italien, dem ehemaligen Jugoslawien und Griechenland. Sonntags gibt es selbst gebackenen Kuchen. Zu den zufriedenen Kunden zählen Sportler des Vereins, die sich auf frische, knackige Salate, Fitnessteller und Fisch freuen, Radfahrer, die gerne auf der 150 Quadratmeter großen Sonnenterrasse Platz nehmen und diverse Stammtische. Optisch hat die Pächterin erste Erfolge zu verbuchen. Mit bunten Drucken und neuen Vorhängen hat sie das Ambiente der Sportgaststätte erfolgreich verändert. Der gute Service und ihre Freude im Umgang mit Menschen sind zu spüren und dies auch noch nach einem anstrengenden Arbeitstag.

SPORTGASTSTÄTTE HAUS NIDDA
GÜNTER REUTZEL WEG 4–6
61184 KARBEN

TELEFON 06039-4859289

GEÖFFNET
MO BIS FR AB 15 UHR
SA UND SO AB 11 UHR

WWW.KSV-KLEINKARBEN.DE

Havanna Bar

BUTZBACH

FEST – FLÜSSIG –
WARM – KALT

SCHICK & INTERNATIONAL

KÜCHE

PREIS

AMBIENTE

Der Name der Bar erinnert an La Habana, die Hauptstadt Kubas, der größten der karibischen Inseln. Auf der Insel, auf der rund 11,3 Millionen Einwohner leben, vermischen sich afrikanische und europäische Elemente zu einer lebendigen Musikform. Verschiedene musikalische Events bietet auch Sascha Wörner, Inhaber der Havanna Bar am Marktplatz. Jeden ersten Samstag im Monat überrascht er mit einer Elektro-Beat und Depeche Mode Party. Jeden zweiten Samstag im Monat findet in der Bar eine Salsa und Reggae Night mit südamerikanischen Spezialitäten statt. An weiteren Samstagen stehen House-Parties und Back 2 Parties mit Musik aus den 70ern, 80ern und 90ern auf dem Programm. Zusätzlich einmal im Monat finden jeweils freitags Live-Events statt, die immer kurzfristig bekannt gegeben werden. Die Karte zeigt eine kleine, erlesene Auswahl an Specials an, wie die Drinks Acapulco und Cubano oder mit Baileys angereicherte Hot-Drinks. Es gibt mediterrane Hähnchenstreifen, Zitronenhähnchen auf Reis und Fitness-Salat mit Pinienkernen. Nicht überladen und schmackhaft sind die Desserts, wie Crepes mit Vanilleeis und Schokosoße für 3,50 Euro, Eisbecher und Obstsalat für Appetit zwischendurch. Zum Abtauchen gibt es gelegentlich diverse, humorvolle Events, wie der Auftritt der Coverband „Die Oberärzte". Das Gute: Nette Erinnerungen bleiben nach jedem Besuch in der Bar sowie das Fernweh nach der Karibik und die Sehnsucht nach den lebenslustigen Menschen und ihrem Verwöhnklima.

HAVANNA BAR
MARKTPLATZ 23
35510 BUTZBACH

TELEFON 06033-923251

GEÖFFNET
TÄGLICH AB 18 UHR

WWW.
HAVANNA-BUTZBACH.DE

Henkelsmühle

HIRZENHAIN

KEIN MEHL,
JEDOCH EIN MAHL!

WALDNAH & WANDERBAR

KÜCHE

PREIS €€

AMBIENTE

Wer auf der B275 von Friedberg in Richtung Lauterbach fährt, kommt unweigerlich durch Merkenfritz, den kleinen Ortsteil von Hirzenhain. Dort gibt es außer Natur wenig Aufregendes zu entdecken, es sei denn, man ist ein Feinschmecker. In diesem Fall empfiehlt sich ein Stopp in der Henkelsmühle, einer von sieben Mühlen, die den Ursprung von Merkenfritz bildeten. Gemahlen wird in der Henkelsmühle schon lange nicht mehr, dafür aber gekocht – und dies ideenreich und mit viel Herz. Die Henkelsmühle ist seit fünf Generationen im Familienbesitz. 1980 übernahmen Hannelore und Dieter Kränsel, beide Gastronomen mit gehobener Ausbildung, die Mühle mit Restaurant. Dieter Kränsel war zuvor Küchenchef im „Hessischen Hof" in Frankfurt/Main gewesen. „Peu à peu" hat sich das Restaurant mit gut bürgerlicher Küche hin zur Nouvelle Cuisine mit regionalem Touch entwickelt. So finden sich auf der Speisekarte klingende bürgerliche Gerichte wie Apfel-Sauer-Kraut-Suppe mit Blutwurstnocken oder Wacholder geräuchertes Forellenfilet im Zitronenpfannkuchen. Saisonale Angebote und Tagesgerichte sorgen für Abwechslung. Zur Nachspeise läßt man sich gerne einmal zu Salat von frischen Früchten verführen. Dazu werden neben deutschen auch internationale Weine kredenzt. Eine Spezialität der Henkelsmühle sind hochprozentige Obstbrände aus der Wetterau. Besonders beliebt ist der Sonntagsbrunch, mit Selbstbedienung am vielseitigen Büffet. Vegetarier kommen mit marinierten Auberginen oder Ruccola-Salat auf ihre Kosten.

RESTAURANT HENKELSMÜHLE
MÜHLENWEG 10
63697 HIRZENHAIN-MERKENFRITZ

TELEFON 06045-7205

GEÖFFNET
FR UND SA AB 18 UHR

SO VON 11.30 BIS 15 UHR
AN FEIERTAGEN SO AB 18 UHR

WWW.HENKELSMUEHLE.DE

Herchenhainer Höhe

GREBENHAIN

HÖHENKLIMA
UND RUNDBLICK

KIND & KEGEL | KÜCHE | PREIS | AMBIENTE

Die frische, klare Luft ist sofort spürbar. Im Naturpark „Hoher Vogelsberg" liegt das Bergrasthaus in N.N. 680 Meter auf der Herchenhainer Höhe. Nicht nur die gute Luft und die ruhige Lage, sondern auch die weite Fernsicht zu Taunus, Spessart, Rhön und der Skyline von Frankfurt machen das Hotel und Restaurant zu einem lohnenden Ausflugsziel. Die Herchenhainer

Höhe ist in das gepflegte Wanderwegenetz des Oberwaldes/Hoher Vogelsberg eingebunden. Für kleine Gäste gibt es den großen Kinderspielplatz unterhalb der Terrasse. Im Restaurant mit Deutscher Küche werden auch vegetarische Gerichte angeboten sowie hausgemachte Torten und Kuchen. Während das Hauptrestaurant für Nichtraucher reserviert ist, darf im Kaminzimmer geraucht werden. Das Hotel verfügt über 13 Betten mit moderner Ausstattung. Außerdem gibt es ein geräumiges Appartement mit vier bzw. maximal sechs Betten (ohne Küche). Eine Sauna und eine Sonnenbank runden das Angebot ab. Herchenhain ist wegen seiner verkehrsgünstigen Lage in Mittelhessen nicht nur leicht zu erreichen, sondern ebenso idealer Ausgangspunkt für den Besuch einer Vielzahl von Sehenswürdigkeiten. Die Barockstadt Fulda und die Rhön, Bad Orb und der Spessart, die Barbarossastadt Gelnhausen, Büdingen mit Schloss und Altstadt, Glauburg mit den keltischen Ausgrabungen und viele sehenswerte Städte in der Umgebung, wie Schotten, Lauterbach und Schlitz sind einen Ausflug wert. Auch Gederner See, Nidda-Stausee und Niedermoser See sind beliebte Anlaufpunkte für Tagestouristen und Wanderer.

BERGRASTHAUS
HERCHENHAINER HÖHE
RASTHAUSSTRASSE 21
36355 GREBENHAIN-HERCHENHAIN
TELEFON 06644-7077

DURCHGEHEND
VON 9 BIS 23 UHR

RUHETAGE
MO AB 14 UHR UND DI

WWW.BERGRASTHAUS.DE

Hessischer Hof

ORTENBERG

VON PARMASCHINKEN ZU RINDERFILET

BEWÄHRT & BÜRGERLICH

KÜCHE

PREIS

AMBIENTE

Drucke und Bilder aus Italien wecken die Sehnsucht nach dem sonnenverwöhnten Land im Süden. Helle Farben an den Wänden vermitteln ein freundliches Ambiente. Im Restaurant-Pizzeria „Hessischer Hof" stehen überwiegend deutsch-italienische Gerichte auf der Speisekarte. Der bunte Reigen beliebter Deftigkeiten reicht von Parmaschinken und Scampi-Cocktail über marktfrische Salate, Nudelgerichte und Pizza bis hin zu Rinderfilet. Im April 2002 hat Roberto Koca den seit etwa 100 Jahren bestehenden „Hessischen Hof" am Marktplatz vom vorherigen Pächter Giuseppe del Franco übernommen und modernisiert. Das Restaurant ist nur einige hundert Meter vom Vulkanradweg entfernt. Es bietet 100 Personen in den Gasträumen Platz. Der Biergarten kann 70 bis 80 Personen aufnehmen und wird im Sommer stark von Radfahrern frequentiert. Im Garten gibt es nicht nur Bier vom Faß und Apfelwein aus der Region, sondern auch Jazzveranstaltungen und Konzerte. Koca arbeitet mit einer Pension vor Ort zusammen, wo auch Radfahrer übernachten können. Die Gäste des symphatischen Gastronomen kommen aus Ortenberg, dem Frankfurter Raum und dem Vogelsberg. Der aus der Türkei stammende Wirt reicht nicht nur große, deftige Portionen, sondern auch kalorienbewußte Menüs. Zu den Besonderheiten zählen die Familienpizza auf einem 32 Zentimeter Blech oder die Partypizza auf dem 100 mal 70 Zentimeter großen. Lieferung: 17 bis 22 Uhr.

RESTAURANT-PIZZERIA
HESSISCHER HOF
AM MARKTPLATZ
63683 ORTENBERG

TELEFON 06046-1315

GEÖFFNET
MO BIS SO 11 BIS 14.30 UHR
UND 17 BIS 24 UHR
MI RUHETAG

Hoherodskopfklause

SCHOTTEN

ERBSENSUPP
MIT WORSCHT

HEIMATLICH & RUSTIKAL

KÜCHE

PREIS

AMBIENTE

Draußen vor der Klause jagt ein warmer Sommerwind durch die Bäume. Vom Biergarten mit seinen 100 Plätzen bietet sich ein herrlicher Blick in die Vogelsberger Natur. Schmetterlinge tanzen im Wind und der Kinderspielplatz ist gut überschaubar. Die Gaststätte liegt direkt unterhalb des 140 Meter hohen Turmes auf dem Hoherodskopf (764 Meter). Seit Sommer 1997 steht die rustikal gehaltene Klause unter der Leitung der Familie Däsch. Däsch bürgt im Vogelsberg für Spitzenqualität und Ausflugsgastronomie zum Wohlfühlen. In der Taufsteinhütte ist man richtig, um sich eine Pause zu gönnen und die Natur zu genießen oder ein Sonnenbad. Im Sommer sitzt man vor der Klause auf schweren Holzbänken, eine vorbeiziehende Schafherde im Blick. Im Innenbereich bietet das Restaurant Sitzplätze für 70 Personen. Wenn die Höhenluft Appetit macht, heißt es einkehren. Das Angebot ist verlockend. Im Gastraum mit dem herben Charme einer Bauernstube gibt es außer Bohnen und Speck, die selbst Goethe gern genoß, auch Kartoffelbratwurst, eine Terrine hausgemachter „Erbsensupp mit Worschteinlage" oder einen Hirschbraten aus dem Oberwald. Jedes erste Wochenende im Monat findet das Vogelsberger Beulchesessen statt. Die Beulches bestehen aus einer Masse geriebener Kartoffeln mit Lauch, Solberfleisch und Gewürzen, gekocht in Leinensäckchen. Vom 1. Mai bis Ende Oktober fährt der Vulkan-Express, der Freizeitbus der Verkehrsgesellschaft Oberhessen zum Hoherodskopf.

CAFÉ RESTAURANT
HOHERODSKOPFKLAUSE
AUSSERHALB 30

63679 SCHOTTEN-HOHERODSKOPF
TELEFON 06044-8181

SA BIS MO 10 BIS 18 UHR
DI BIS DO 11 BIS 18 UHR
FR RUHETAG

WWW.DAESCH.DE

Hotel Johannisberg

BAD NAUHEIM

WO SISSI
MITTAGS SPEISTE

EDEL & FEIN | KÜCHE | PREIS | AMBIENTE

Ob man den Weg begeht oder befährt, die Wirkung ist stets die gleiche: schon nach wenigen Minuten ändert sich die Stimmung, man befindet sich über der Stadt, in einem dicht begrünten Wald im Sommer. Auf dem 268 Meter hohen Johannisberg angekommen, nähert man sich dem gleichnamigen Restaurant, das sich dominant und dennoch zurückhaltend der

Stadt Bad Nauheim zuwendet. Den Kelten galt der Berg als heilig. Die Römer errichteten einen Wachturm, und die Christen gründeten auf ihm eine Missionskirche. Johannes dem Täufer gewidmet, gab sie dem Berg seinen Namen. Mitte des 19. Jahrhunderts machte sich Bad Nauheim einen Namen als Heilbad. 1856 wurde das erste Restaurationsgebäude auf dem Johannisberg eröffnet. Zu den berühmten Gästen gehörten die österreichische Kaiserin Elisabeth, die dort 1898 zwei Wochen lang ihr Mittagsmahl einnahm, die letzte russische Kaiserin Alexandra, die deutsche Kaiserin Auguste Viktoria, Bismarck, Elvis Presley oder der saudiarabische König Ibn Abd Al Asis Saud. 1933 wurde das Holzgebäude durch einen modernen Steinbau ersetzt. Der denkmalgeschützte Bau erstrahlt seit 1998 als Café Restaurant Hotel Johannisberg. Im Sommer lädt die Terrasse vor dem Haus dazu ein, den Abend mit musikalischer Untermalung eines Pianisten ausklingen zu lassen. Auf der durchdachten Speisekarte des Restaurants spiegelt sich das Motto der Küche wieder: Ehrlichkeit, Frische und Regionalität. Das Café Restaurant Hotel Johannisberg gilt als Expertentipp unter Gourmets und Kurzurlaubern.

CAFÉ RESTAURANT
HOTEL JOHANNISBERG
JOHANNISBERG 14
61231 BAD NAUHEIM

TELEFON 06032-1442
FAX 06032-1418

GEÖFFNET
MO BIS SO 9 BIS 23 UHR

WWW.
JOHANNISBERG-BADNAUHEIM.DE

Hotel Rotlipp

ORTENBERG

RUSTIKALE ATMOSPHÄRE

HEIMATLICH & RUSTIKAL

KÜCHE

PREIS € €

AMBIENTE

Ortenberg ist eine kleine, romantische Stadt und wird sehr gerne von Wanderern und Naturliebhabern besucht. Nur zwei Fußminuten entfernt vom städtischen Freischwimmbad, liegt in ruhiger und idyllischer Lage der Landgasthof „Hotel Rotlipp". Das erholsame Mittelgebirgsklima bietet dort beste Voraussetzungen für eine gute Erholung vom stressigen Alltag. In unmittelbarer Nähe des renommierten Landgasthofes befindet sich außerdem eine Tennisanlage, ein Minigolfplatz und ein Kinderspielplatz. Neben sportlichen Aktivitäten und sinnvollen Freizeitbeschäftigungen, alleine oder mit der Familie, sind auch ausgedehnte Spaziergänge über bunte Blumenwiesen und durch gepflegte Wälder möglich. Das Haus selbst zeichnet sich durch eine wohltuende, rustikale und gemütliche Atmosphäre aus. Die familiäre Behandlung des Gastes steht an erster Stelle. Für das leibliche Wohl sorgt die vorzügliche und gutbürgerliche Küche. Sehr beliebt ist der hausgebackene Kuchen, der an Sonn- und Feiertagen für Gäste des Landgasthofes kredenzt wird. Ein geschmackvoll ausgestatteter Gesellschaftsraum bietet den idealen Rahmen für Familienfeiern, Reisegesellschaften und Feierlichkeiten aller Art sowie für erfolgreiches Tagen. Verschiedene Sorten gepflegter Fassbiere und eine große Auswahl an ausgesuchten Weinen lassen den Durst zum Genuß werden. Die Biere kann man auch auf dem Außensitz des Landgasthofes genießen. Auf Anfrage führt Wanderführer Bernhard Reinhart Interessierte zum Glauberg.

LANDGASTHOF HOTEL ROTLIPP
ROTLIPPSTRASSE 53
63683 ORTENBERG

TELEFON 06046-7118

GEÖFFNET
MO BIS SA AB 17 UHR

SO 10 BIS 14.30 UHR

WWW.ORTENBERG.DE

Kastanienstuben

BAD SALZHAUSEN

BACKOFENBROT
AN DER GLEISE

WALDNAH & WANDERBAR | KÜCHE | PREIS | AMBIENTE

Zufällig kommt am Kastanienhof niemand vorbei, denn er liegt abseits der Durchgangsstraßen. Im oberen Kurpark Bad Salzhausens liegt Niddas einzige Gaststätte mit Bahnanschluss, genauer: an der Strecke Nidda-Friedberg. Inhaber Gerhard Daubert kaufte das Bahnhofsgebäude 1986. Der Anbau sowie das Brot-und Kuchenbackhaus von 1888 kamen später hinzu.

Jeden Samstag wird der Ofen mit harzfreiem Holz angefeuert und bei 180 Grad Brot und Kuchen gebacken, die rasch ihre Abnehmer finden. Von vielem Grün und hochwachsenden Sonnenblumen umgeben, präsentiert sich der idyllisch gelegene Biergarten. Im Spätsommer gibt es Deutschen Federweißer und Zwiebelkuchen, Berliner Weiße mit Sirup und alkoholfreien Apfelwein. Das Restaurant, das direkt an der Route eins, der Apfelwein- und Obstwiesenroute liegt, hält auch Apfelwein vom Fass vor. Dauberts Gäste kommen aus den Ballungsräumen Offenbach, Frankfurt, Gießen, um die regional, rustikale Küche zu genießen. Abseits des Asphaltdschungels lockt die Speisekarte mit Rheinischem Sauerbraten oder Lendchen mit Pfifferlingen. Im Restaurant mit offenem Kamin erinnern nostalgisches Eisenbahnzubehör und Photographien an die gute alte Zeit.

Lucia Puttrich,
Bürgermeisterin von Nidda

RESTAURANT CAFÉ KASTANIENSTUBEN
IM PARK 3
63667 NIDDA

TELEFON 06043-1411

TÄGLICH
VON 11.30 UHR BIS FEIERABEND

OHNE RUHETAG IM
SOMMERHALBJAHR

WWW.
APFELWEINROUTE-WETTERAU.DE

Karbener Rathausstube

KARBEN

20 SEITEN SPEISEKARTE

BEWÄHRT & BÜRGERLICH | KÜCHE | PREIS | AMBIENTE

Jean Pierre le Rouzes hat 13 Jahre als Pächter der Kantine von Radio FFH in Rödelheim und Bad Vilbel gearbeitet, bevor er die Karbener Rathausstube übernahm. 60 Sitzplätze auf der Sommerterrasse, 200 im Biergarten und 160 Sitzplätze im Lokal stehen dem gelernten Koch zur Verfügung. Für den Saal des angrenzenden Bürgerhauses mit rund 600 Sitzplätzen ist er der einzige Konzessionsträger. Seinen Gästen bietet Le Rouzes internationale Küche . Auf der 20seitigen Speisekarte finden sich rund 25 verschiedene Flammkuchen, aber auch Ausgefallenes wie die Suppe von Grüner Sauce, den 7-Tassen-Salat mit verschiedenem Gemüsen oder ACE-Salat mit Tomaten, Paprika und Karotten. Eine große Auswahl an Gerichten finden Kartoffel-Fans und Vegetarier. Auch Lamm-und Fischgerichte stehen auf der Karte. Mittwochs ist Schnitzeltag. Le Rouzes serviert Schnitzel bis 400 Gramm und XXL bis 800 Gramm. Montags gibt es Rumpsteaks zu 9,50 Euro. Die Speisen werden frisch und nach Bestellung zubereitet. Die Preise sind knapp kalkuliert. Während die Sommerterrasse Schatten und viel Grün bei Brunnengeplätscher bietet, gibt es einen Kinderspielplatz im Biergarten, mit direktem Zugang zum Nidder-Radweg. Dort werden gerne Steaks vom Grill verzehrt. Auch Flammkuchen sind in der freien Natur der Renner. In der Karbener Rathausstube gibt es einen preiswerten Mittagstisch, eine Pilsstube mit Kegelbahnen und die Möglichkeit zu Billiard und Dart. Gerne übernehmen Le Rouzes und sein Team von sechs Angestellten auch die Gestaltung von Familienfeiern oder Jubiläen.

KARBENER RATHAUSSTUBE
RATHAUSPLATZ 1
61184 KARBEN

TELEFON 06039-933900
FAX 06039-9382981

GEÖFFNET
MO BIS DO 10 BIS 24 UHR
FR BIS SO 9-24 UHR

E-MAIL:
KARBENERRATHAUSSTUBE
@FREENET.DE

Klosterschänke Ilbenstadt

NIDDATAL

VESPER UNTER HOLZ

BEWÄHRT & BÜRGERLICH

KÜCHE

PREIS

AMBIENTE

Wer in Ilbenstadt eine romantische Klosterschänke mit altem Gewölbekeller vermutet, ist an der falschen Stelle angekommen. Statt filmreifem Refektorium mit in Kutten gewandeten Mönchen, gibt sich die Klosterschänke im Bürgerhaus eher spartanisch und nüchtern. An ein Kloster erinnert einzig der Name, die in einen originellen Holdeckel gebundene Speisekarte,

die in Form eines Klosterportals gestaltet wurde und die „Mönchspfanne". Dahinter verbirgt sich Lende in Pilzrahmsauce. Die Küche des Hauses hält ein Angebot von hessischen Gerichten bis hin zu ausgewählten Spezialitäten bereit. Für Kinder zaubert Koch Thomas Christahl das vielsagende Gericht „Mehr Problemo" auf den Tisch, wohlwissend, dass es mit Schnitzel, Pommes und Salatgarnitur kaum Probleme gibt. Die Portionen sind alles andere als mönchisch. Mit knurrendem Magen muss aus der Klosterschänke niemand nach Hause gehen. Apropos Kloster, ein solches gibt es in Ilbenstadt natürlich auch, unweit der Klosterschänke. Graf Gottfried von Cappenberg stiftete 1123 ein Männer-und Frauenkloster. Dieses Prämonstratenserkloster ist die älteste geistliche Niederlassung in der Wetterau. Die Klosterkirche wurde 1159 geweiht. Das 12. Jahrhundert war für das Kloster eine Zeit des Wohlstandes und der Blüte. 1803 wurde es aufgehoben und in weltliche Besitzungen umgewandelt (sälularisiert). Vielleicht ist auch dies einer der Gründe dafür, weshalb man im Biergarten nur sehr selten Geistliche zu Gesicht bekommt.

KLOSTERSCHÄNKE ILBENSTADT
HANAUER STRASSE 26
61194 NIDDATAL

TELEFON 06034-3917 ODER 4418

TÄGLICH VON 17 BIS 1 UHR
SO VON 10 UHR BIS 1 UHR

MO RUHETAG
E-MAIL:
KLOSTERSCHAENKE-ILBENSTADT
@WEB.DE

Knusperhäuschen

ALTENSTADT

LECKERER SCHMAUS
IM KNUSPERHAUS

BEWÄHRT & BÜRGERLICH

KÜCHE

PREIS

AMBIENTE

„Knusper, knusper Knäuschen, wer knuspert an meinem Häuschen!". Dieser Ausruf aus dem bekannten Märchen kommt einem sofort in den Sinn, wenn man im Gaststättenverzeichnis den Namen „Landhaus Knusperhäuschen" liest. Allerdings gibt es dort keine Lebkuchen an der Fassade zu knabbern, genüsslich wird es erst im Restaurant des Landhauses. Die

Familie Schmidt und ihr Serviceteam versprechen ihren Gästen, deren Vorstellung von Qualität und Leistung zu erfüllen und ihnen „ein kulinarisches Lächeln auf die Lippen zu zaubern". Eine reiche Auswahl an Gerichten soll diesem Anspruch genügen. In der Gaststube gibt es fangfrischen Fisch und Fleisch, das von heimischen und zertifizierten Händlern bezogen wird. Gemüse, Salat und Früchte schmecken wie aus dem eigenen Garten. Jeder Monat steht unter einem anderen kulinarischen Thema. So wird im Oktober „Wildes Treiben in der Küche" offeriert, im November in verschiedenen Variationen Gänseschmaus im Knusperhaus, mit täglich frischem Gänsebraten. Da die Plätze schnell ausgebucht sind, ist eine persönliche Tischbestellung empfehlenswert. Im Sommer lädt die Sonnenterrasse zum Genießen unter freiem Himmel ein.

RESTAURANT LANDHAUS
KNUSPERHÄUSCHEN
LANGESTRASSE 45

63674 ALTENSTADT-OBERAU
TELEFON 06047-7797

DI–FR UND SO 10.30–14 UHR
UND 17.30–23.30 UHR

SA 17.30–23.30 UHR, MO RUHETAG

E-MAIL: SCHLEMMENLAND
KNUSPERHAEUSCHEN@HOTMAIL.DE

Tipp: Prof. Dr. Alexander Demandt, Lindheimer Historiker

Landgasthof Wolf

GEDERN-STEINBERG

ERHOLUNG
UND ENTSPANNUNG

BEWÄHRT & BÜRGERLICH | KÜCHE | PREIS | AMBIENTE

Dort, wo die Luft rein, das Wasser klar und die Wälder so grün sind, dass sie beinahe an Johanna Spyris „Heidi" erinnern, liegt am Rande des Naturschutzgebietes „Hoher Vogelsberg" der Landgasthof Wolf. Beliebte Ausflugsziele in näherer Umgebung sind der Gederner See, der Spießweiher, der Hoherodskopf (763 Meter NN), der Taufstein (774 Meter NN) und die Herchenhainer Höhe. Wanderungen in herrlicher, waldreicher Umgebung, Rodeln und Langlaufloipen sorgen für Erholung und Entspannung. Die Räume sind mit viel Geschmack eingerichtet, das Haus selbst ist ein Juwel der Ruhe. Gepflegtes Essen und Trinken wird als Muß für einen schönen Urlaub verstanden. Küche und Keller bieten viel Abwechslung. Stilvoll eingerichtete Räume eignen sich gut für Konferenzen und Feiern und die Festtafeln werden mit viel Liebe gedeckt. Dem Genießen, Tagen und Feiern steht im Landgasthof Wolf nichts im Weg. Das Essen wird schnell, sorgsam und mit frischen Zutaten zubereitet. Die Zimmer im Innenbereich sind gemütlich eingerichtet. Hallenschwimmbad (Wassertemperatur bei 28 Grad), Solarium, Sauna, Tischtennis und eine große Liegewiese sind vorhanden. Die Gästezimmer sind mit Südbalkon ausgestattet. Vor dem Hotel lädt eine Sonnenterrasse zum Entspannen ein. Ausflüge sind vom Landgasthof Wolf bequem zum Sole-Bewegungsbad in Bad Salzhausen oder zur Sommerrodelbahn auf dem Hoherodskopf möglich. Unbedingtes Muß nach kalorienreichem Essen ist der „Steinberger Stiefel". Wurstspezialitäten gibt es zum Mitnehmen.

LANDGASTHOF WOLF
WEIHERSTRASSE 17
63688 GEDERN-STEINBERG

TELEFON 06045-4515
FAX 06045-5754

WERKTAGS 8 BIS 14 UHR
UND 16 BIS 22 UHR

SO UND FEIERTAGE 8 BIS 22 UHR
DI RUHETAG

WWW.
LANDGASTHOF-WOLF-STEINBERG.DE

Landgasthof Ziegelhütte

SCHOTTEN

WO „BARBAROSSA" SKAT KLOPFTE

WALDNAH & WANDERBAR | KÜCHE | PREIS | AMBIENTE

1779 plante der damalige Landgraf Ernst Ludwig VIII von Hessen zu Darmstadt ein Dorf um das bereits bestehende Schloss Zwiefalten, welches sich in zirka einem Kilometer Entfernung befindet, zu gründen. Errichtet wurde nur die Zaigelhedde, heute: Ziegelhütte. Bedingt durch den lehmhaltigen Boden bot es sich an, eine Ziegel-und Backsteinbrennerei zu erbauen. 1906 endete die Ziegelbrennerei für immer. 1914 wurde das Anwesen an die Tochter der Familie Volz, Berta Schmidt und ihren Ehemann Otto Schmidt II. übergeben. Dieser wurde wegen seines imposanten, roten Bartes auch „Barbarossa" genannt. Schmidt war leidenschaftlicher Skatspieler und Holzbildhauer. 1947 heiratete Tochter Emma in zweiter Ehe Erwin Winter. 1952 wurde Sohn Manfred, der heutige Wirt der Ziegelhütte geboren. Dessen Geburtsjahr war das Gründungsjahr der Gaststätte. 2009 kann die Ziegelhütte auf ein 230-jähriges Bestehen zurückblicken. Der heutige Landgasthof liegt am Südhang des Naturschutzparks „Hoher Vogelsberg", umgeben von Wiesen und Feldern, direkt am Wald. Die Kernstadt Schotten, das Herz des Vogelsberges, ist zehn Kilometer entfernt. Die Ziegelhütte ist beliebter Treffpunkt vieler Wanderer. Spezialitäten sind Hausmacher Wurst, Schlachtessen, Speckkotelett und selbstgebackener Kuchen. Im Sommer speist man im Garten im Schatten einer großen Birke und genießt die Natur rundum. Neben dem Hauptwanderweg des VHC laden kleinere Rundwege von drei bis fünf Kilometern Länge zu Spaziergängen ein.

LANDGASTHOF ZIEGELHÜTTE
AUSSERHALB 2
63679 SCHOTTEN-EICHELSACHSEN

TELEFON 06044-2718

WARME KÜCHE GIBT ES
BIS 22 UHR

SONNTAGS BIS 21 UHR

WWW.
LANDGASTHOF-ZIEGELHUETTE.DE

Landhaus Bavaria

BAD NAUHEIM

BIER UNTER APFELBÄUMEN

BEWÄHRT & BÜRGERLICH | KÜCHE | PREIS | AMBIENTE

Wohlfühlen in Bad Nauheims Mitte kann man sich im Landhaus Bavaria. Das Hotel-Restaurant in der Frankfurter Straße verfügt über vier Doppelzimmer mit Zustellmöglichkeit und drei Einzelzimmer. Alle Zimmer sind mit Dusche, WC, Telefon und TV ausgestattet. Das Frühstücksbuffet ist reichhaltig, Halbpension möglich. Das Landhaus hält einen großen Parkplatz mit Garagen vor. Zu den Gästen zählen Stammgäste, Touristen und Messebesucher. Besonders beliebt inmitten der Stadt, ist der Biergarten. Dieser bietet rund 30 Personen Platz, die sich in den Sommermonaten unter schattigen Apfelbäumen verwöhnen lassen. Die Stadtbushaltestelle befindet sich direkt vor dem Haus, fünf Minuten vom Bahnhof und zehn Minuten von der City entfernt. Mit dem Pkw sind es nur fünf Minuten bis zur Autobahnanschlussstelle der A5/A45. Eine reichhaltige Speisekarte erwartet die Gäste im Restaurant und Wintergarten. Diese bietet bevorzugt Deutsche Küche, mit Schwerpunkt Steak-und Schnitzel. So kann man unter 19 verschiedenen Zubereitungsarten von Steaks wählen oder sich für Fleischgerichte vom heißen Stein entscheiden. Außerdem stehen 13 verschiedene Schnitzel zur Auswahl. Die Tageskarte im Landhaus Bavaria ändert sich täglich. Familienfeiern und Stammtische sind bis 70 Personen buchbar. Das Ambiente ist bürgerlich und rustikal gehalten, mit Holztischen und Stühlen. Die Zimmer sind spartanisch eingerichtet und sehr sauber. Robert Mich führt das Landhaus seit zehn Jahren. Seine Gäste kommen gern auch wegen des guten Services.

LANDHAUS BAVARIA
FRANKFURTER STRASSE 85
61231 BAD NAUHEIM

TELEFON 06032-81102
FAX 06032-83220

WARME KÜCHE
VON 11.30 BIS 14.30 UHR
UND 17.30 BIS 22 UHR
KEIN RUHETAG

Linde Wirtshaus

ALTENSCHLIRF

GOURMETWELT
AM FLUSS ALTEFELD

SCHICK & INTERNATIONAL

KÜCHE

PREIS

AMBIENTE

Das stattliche Fachwerkhaus fällt durch die moderne Gestaltung der Außenfassade sofort ins Auge. Blau schillernde Schindeln, unterbrochen von roten Längsstreifen, verführen zum Anhalten. Beim Näherkommen erkennt man eine länglich ausgeschnittene Einfassung im Dachgeschoss, über der das Symbol einer Linde eingefaßt ist. Bei Dunkelheit wird sie beleuchtet.

Die ziegelgedeckte Überdachung der Stufen ist kunstvolle Zimmermannsarbeit, die auf den Stil und das Interieur des Hauses schließen lässt. Das Linde Wirtshaus wurde gegenüber der Kirche im Ortskern erbaut, unweit des Flüsschens Altefeld. Mitten in einer beschaulichen Umgebung, wo der Vogelsberg seine Ursprünglichkeit bewahrt hat. Das freundliche und urgemütliche Wirtshaus hätte man in dem stillen Vogelsbergstädtchen Altenschlirf-Herbstein kaum vermutet. Doch längst ist die Küche weit über die Region hinaus bekannt. Das Wirtshaus hat sich nicht nur mit Kochkursen, Radlerwochenenden, Aktionswochen, Kunstausstellungen und Partyservice einen Namen gemacht, sondern auch durch Gerichte wie Stallhas in Kräutersenfsauce oder geschmorten Rinderbacken mit glasierten Schalotten. Das Schweinefleisch wird aus artgerechter Haltung und Fütterung von der bäuerlichen Erzeugergemeinschaft Schwäbisch Hall bezogen. Auch hausgemachte Lasagne, gebratene Blutwurst oder Ziegenkäse vom Altwiesenhof in Mandelhülle lassen das Wasser im Mund zusammenlaufen. Im Sommer locken besonders gartenfrische Salate.

LINDE WIRTSHAUS
MÜHLGASSE 1
36358 ALTENSCHLIRF-HERBSTEIN

TELEFON 06643-8989

GEÖFFNET
MI BIS SA 18 BIS 1 UHR

SONN-UND FEIERTAGE
11 BIS 14 UND 18 BIS 1 UHR

WWW.HERBSTEIN.DE

Neidharts Küche

KARBEN

GESCHMACKSERLEBNIS
MIT TAGESFRISCHE

SCHICK & INTERNATIONAL

KÜCHE

PREIS

AMBIENTE

Neidharts Küche hat sich in der Region einen Namen gemacht. Und Dagmar und Reiner Neidhart werben nicht umsonst unter dem Logo „Wohlfühlrestaurant" mit persönlicher Atmosphäre. Zwar liegt das Restaurant mitten in Karbens Gewerbegebiet – für Ortsfremde nicht ganz einfach zu finden – doch ist dies nicht weiter tragisch, denn Neidharts Küche ist in Karben so

bekannt wie der Opel-Zoo am Ortsrand Kronbergs. Außer im stilvollen Restaurant verwöhnen die Neidharts ihre Gäste auch im Bistro, auf der großzügig geschnittenen Terrasse oder im Sommergarten. In der warmen Jahreszeit sind die Speisen auf der ruhigen Terrasse im Grünen besonders lecker, denn weder die wärmenden Sonnenstrahlen noch das leise Summen der Bienen stehen als Nebenkosten auf der variationsreich abgestimmten Speisekarte. In Neidharts Küche werden höchste Ansprüche an die Qualität der Speisen gestellt. Gesundheit und Geschmackserlebnis stehen an erster Stelle. Gepunktet wird mit tagesfrischen Zutaten, die mit viel Liebe und Können zu kulinarischen Feinschmeckerbündeln geschnürt werden. Im Oktober 2005 wurde Reiner Neidhart zum Eurotoques-Chef ernannt. Die Küche ist vielfältig und für Überraschungen gut. Unter den Hauptgerichten findet man Bauer Webers Bioschwein aus artgerechter Haltung und Fütterung, das mit Pilzen, Gemüse und Mini-Maccheroni für 17,90 Euro auf dem Teller landet. Eine Sonderkarte hält Drei-bis Vier-Gänge-Menüs vor. Wechselnde Aktionen wie ein Abend auf dem Dottenfelder Hof mit Käsemeister sind buchbar.

NEIDHARTS KÜCHE
ROBERT-BOSCH-STRASSE 48
61184 KARBEN
TELEFON 06039-934443

GEÖFFNET
SO BIS FR 12 UHR BIS 14 UHR
SA BIS FR 18.30 UHR BIS 24 UHR
MONTAG RUHETAG

WWW.NEIDHARTS-KUECHE.DE

Neumühle

ORTENBERG

NETTE KNEIPE
AM VULKANRADWEG

KIND & KEGEL | KÜCHE | PREIS | AMBIENTE

Kalbsschnitzel vom Bio-Landwirt, Brottaschen vom Bio-Bäcker, Äppler vom Fass, täglich wechselnde Gerichte, Terrasse am Wehr, Biergarten, Sonne und gute Laune – dies sind alles Attribute, die sich der Neumühle des Ortenberger Stadtteils Selters zuordnen lassen. Die nette Kneipe am Vulkanradweg bietet in der Sommer-Saison jeden Freitag Open-Air-Kino mit Filmstart bei Einbruch der Dunkelheit. Besonders Radler und Spaziergänger verirren sich gerne in die kleine Kneipe mit der netten Bedienung. Ruhig und beschaulich geht es dort zu, wo auch schon einmal Mitglieder der Bündnisgrünen ihr Mittagessen einnehmen oder ihren Schwarztee trinken. In der Neumühle wird jedes Gericht frisch zubereitet. Für Kalbs-und Hackfleischgerichte wird Fleisch von Kälbern aus biologischer Haltung verarbeitet. Die Brottaschen aus biologisch angebautem Getreide liefert ein regionaler Biobauer. Am Wochenende werden die Gäste der Neumühle mit hausgemachtem Kuchen und Torten verwöhnt. Auf der Sommer-Speisekarte steht Käsiges, Salädsche mit Kürbiskernöl, Brotiges und Nudeliges. Etwas Besonderes ist die Kartoffelbratwurst. Die Getränkekarte hält Apfelwein und naturtrüben Apfelsaft vor, Rotwein aus biologischem Anbau oder zum Nachkippen Grappa, Obstler und Kümmel. Radler tendieren freilich zu etwas weniger „Geistigem", wenn sie nach kurzem Stopp ihre Weiterfahrt auf dem Vulkanradweg – der ehemaligen Eisenbahntrasse Stockheim-Lauterbach – fortsetzen, der sich zu einem Highlight in der Region entwickelt hat.

NEUMÜHLE
SPRUDELSTRASSE 35
63683 ORTENBERG-SELTERS

TELEFON 06046-958324

MI, DO, FR 13 BIS 23 UHR
SA, SO UND FEIERTAGE
10 BIS 23 UHR
MO UND DI RUHETAG

WWW.NEUMUEHLE.INFO

Playa Beach Club

BUTZBACH

URLAUBSFEELING UNTER PALMEN

SCHICK & INTERNATIONAL

KÜCHE

PREIS

AMBIENTE

Palmen, Strand und ein Teich mit Seerosen vermitteln relativ schnell Urlaubsfeeling. Der Eintritt in die einzigartige Strandlandschaft mitten im Herzen Hessens ist im Playa-Beach-Club kostenlos. Wer einmal nicht weiß, was er sonntags unternehmen soll, ist im Club gut aufgehoben. Hier lässt sich sonntags das Frühstück unter Palmen genießen, ein mediterraner Mittagstisch einnehmen oder bei einem Cocktail der Abendsonne zusehen. Die ausreichend kostenfreien Parkplätze direkt vor der Halle und die gute Verkehrsanbindung laden zu einem spontanen Besuch ein. Beach-Volleyball und Tennis runden das attraktive Angebot der Anlage ab. In der Playa- Beach-Bar sind nicht nur Sportler willkommen. Die Bar erweist sich schnell als gemütliches Bistro und als tolles Café für den ganzen Tag. Für aufregende Abende und knallige Events während oder nach den Spielzeiten dient die Bar als Szene-Kneipe. Zugleich ist sie ein Ort für gepflegten Cafégenuss – unverwechselbar und sehr persönlich, weshalb sich auch ein Ausflug in die Bar zu jeder Tageszeit lohnt. In regelmäßigen Abständen werden auf der Playa-Anlage attraktive Events durchgeführt, wie beispielsweise Lauf-, Box-oder Discoveranstaltungen.

Kinder und Hobby-und Freizeit-Mannschaften sind in der Playa-Soccer-Arena erwünscht. Vier excellente Plätze auf zirka 2000 Quadratmeter Kunstrasen mit naturidentischen Eigenschaften, eine klimatisierte Halle sowie gelenkschonender und naturgetreuer FIFA-und UEFA-zertifizierter Kunstrasen stehen in der Arena für Sportveranstaltungen zur Verfügung.

PLAYA BEACH CLUB
WERNER-VON-SIEMENS-STRASSE 2
35510 BUTZBACH

TELEFON 06033-749744
FAX 06033-749745

GEÖFFNET
TÄGLICH VON 11 BIS OPEN END

KÜCHE VON 11 BIS 14 UHR
UND VON 17 BIS 22.30 UHR

WWW.PLAYA-SOCCER-ARENA.DE

Poseidon

NIDDA

ZU GAST
BEIM MEERESGOTT

KIND & KEGEL | KÜCHE | PREIS | AMBIENTE

In der griechischen Mythologie ist Poseidon der Gott des Meeres und Bruder des Zeus. In der Tiefe des Meeres steht sein kristallener Palast. Seefahrer beteten zu Poseidon für eine sichere Überfahrt und opferten ihm Pferde, die sie im Meer versenkten. Wenn er gut gelaunt war, erschuf Poseidon neue Inseln und ließ die See still und schiffbar sein. Wenn er ergrimmte, stach er mit seinem Dreizack in die Erde, verursachte Erdbeben und brachte Schiffe zum Sinken. In Platons Dialogen wird Poseidon als Stammvater des Herrschergeschlechts von Atlantis dargestellt. In Bad Salzhausen erinnert das gleichnamige griechische Restaurant an die Gottheit. 2001 wurde das Restaurant mit 90 Sitzplätzen und zugehöriger Terrasse mit 65 Sitzplätzen eröffnet. Inklusive Vorspeisen stehen rund 100 Gerichte für den kleinen und großen Hunger zur Auswahl. Dazu gibt es Licher Bier sowie Apfelwein. Radfahrer und Wanderer sind gern gesehene Gäste. Zu den Events zählen griechische Abende mit Folkloregruppen oder Tage der offenen Tür, wo Gäste gerne zusehen können, wie Koch Kiriakus Kiriakidis schmackhafte Gerichte zubereitet. Bei dem symphatischen Griechen treffen Gäste aus Frankfurt, Giessen, Friedberg und dem Vogelsberg aufeinander. Im Sommer gibt es gemischte Platten und Salate mit selbst hergestelltem Dressing. Eine Spezialität, die es nur im Poseidon gibt, ist gebratenes Eis mit Kokosummantelung. Die Köchin Sigute Schwarz arbeitet mit Fingerspitzengefühl und kreativer Sorgfalt.

RESTAURANT POSEIDON
VILLENSTRASSE 25
63667 NIDDA-BAD SALZHAUSEN

TELEFON 06043-985939

MO VON 17 BIS 1 UHR
DI BIS SO VON 11 BIS 14.30 UHR
UND 17 BIS 1 UHR

WWW.POSEIDON–NIDDA.DE

Quellenhof

KARBEN

MARKTFRISCHE KOST

SCHICK & INTERNATIONAL

KÜCHE

PREIS

AMBIENTE

Das Ambiente des Hauses, gehalten im mediterranen Landhausstil, besticht durch ein zuvorkommendes junges Team, rund um die Inhaber Anja und Stefan Kohler. Die familiäre Führung des Quellenhofs lädt zudem zum Entspannen und Genießen ein. Die ruhige Lage mitten im Grünen, verspricht eine persönliche und gemütliche Atmosphäre. Der Hotelbereich

verfügt über 18 komfortabel eingerichtete Zimmer. Die in 2003 vollständig sanierten Bäder zeichnen sich durch Individualität und Funktionalität aus. Das Restaurant bietet Platz für bis zu 70 Personen. Im Sommer lässt sich auf der Terrasse gemütlich verweilen. Vom Bistro aus, ist der Blick in die angrenzende Tennishalle möglich. Das Restaurant bietet ein ausgewogenes und abwechslungsreiches Speisenangebot. Für das reichhaltige Brunchbuffet, jeden 2. und 4. Sonntag im Monat, von Oktober bis April, ist eine Reservierung empfehlenswert. Der Quellenhof bietet auch den Partyservice „Tischlein deck dich" an. Ab zehn Personen wird gekocht, geliefert, dekoriert und serviert (Geschirr und Besteck frei Haus). Am Ende wird wieder aufgeräumt. Eine individuelle Betreuung und Beratung der Gäste ist selbstverständlich. Zum Schlemmen im Restaurant und Bistro des Quellenhofes sind nicht nur Hotelgäste, sondern auch Familien, Vereine und Firmen eingeladen. Durch die S-Bahn-Anbindung der S6 (zirka 400 Meter vom Hotel) sind Messegelände und Stadtzentrum von Frankfurt in 25 Minuten zu erreichen. Der Flughafen ist 25 Autominuten entfernt.

QUELLENHOF
BRUNNENSTRASSE 7
61184 KARBEN

TELEFON 06039-3304
FAX 06039-43272

TAGLICH VON 11.30 BIS 14 UHR
UND AB 18 UHR

SA UND SO AB 18 UHR
WWW.QUELLENHOF-KARBEN.DE

E-MAIL:
INFO@QUELLENHOF-KARBEN.DE

Restaurant Ronneburg

BURG RONNEBURG

TOLLE ERLEBNISGASTRONOMIE

WALDNAH & WANDERBAR | KÜCHE | PREIS | AMBIENTE

Die Burg Ronneburg ist durch ihre Lage auf einem steilen Basaltkegel weithin sichtbar. Im Norden grenzt die Burg an die Stadt Büdingen im Wetteraukreis. Die erste urkundliche Erwähnung datiert in das Jahr 1258. Nach über die Jahrhunderte hinweg wechselnden Besitzern, verkaufte Wolfgang-Ernst Fürst zu Ysenburg und Büdingen die Ronneburg an Freiherrn Joachim Benedikt von Herman auf Wain, einem Vetter von Leonille Fürstin zu Ysenburg und Büdingen. Erlebnisgastronomie wird in der staufischen Wehranlage großgeschrieben und ist im Biergarten, Restaurant, Kaminzimmer, Bandhaus und Ritterkeller möglich. Das Restaurant im ehemaligen Marstall wurde 1966 als gastlicher Anziehungspunkt mit 120 Plätzen eingerichtet. Verführerisch locken Spezialitäten aus der Region und Kuchen aus der hauseigenen Konditorei. Das Bandhaus im Burghof bietet 250 Plätze und einen offenen Kamin. Im Ritterkeller mit 65 Plätzen fällt es nicht schwer, sich in das Mittelalter zurück zu versetzen. Dort gibt es zünftiges Ritteressen, Bier aus den Burgkellern und Minnesang. Zu den gastronomischen Besonderheiten zählen das Landsknechtsessen, das Burggrafenmahl oder das Knappenmahl für Kinder. Die Ritterspiele und Mittelaltermärkte der Burg sind sehr populär. Um die Burg gibt es ein dichtes Netz markierter Wege für Wanderer und Mountainbiker. Erwähnenswert sind der über 90 Meter tiefe Brunnen und der 30 Meter hohe Bergfried der Ronneburg, der bestiegen werden kann. Bei schönem Wetter reicht der Blick bis zur Skyline von Frankfurt.

RESTAURANT RONNEBURG
BURG RONNEBURG
63549 RONNEBURG

TÄGLICH AB 11 UHR
MO UND DI RUHETAG
WARME SPEISEN VON 11.30 BIS 21.30 UHR
GRUPPEN NACH VEREINBARUNG

WWW.RESTAURANT-RONNEBURG.DE

Rosengarten

BÜDINGEN

AUFSTIEG
ZUM FLAMMKUCHEN

APFELWEIN & HANDKÄS

KÜCHE

PREIS

AMBIENTE

Ein schmaler Turmeingang, der im Schatten des Jerusalemer Tores mit dem liebevoll gestalteten Sandrosenmuseum kaum auffällt. Die geöffnete Tür macht neugierig . Rund 20 enge, in Sandstein gehauene Stufen sind es, die den Besucher von dem idyllisch gelegenen Biergarten „Rosengarten" auf der historischen Altstadtmauer trennen. Oben angekommen, lohnt der Ausblick auf die langgestreckte Büdinger Einkaufsmeile Bahnhofsstraße mit den vielen Fachgeschäften der Einzelhändler und hin zur gepflegten Grünfläche des Großen Hirschgrabens. Auf Holzbänken und Stühlen lassen sich in luftiger Höhe sonnige Stunden mit herrlichem Ausblick genießen. Sonnenbräune gibt es gratis! Bierfreunde kommen mit Bieren aus der Licher Privatbrauerei auf ihre Kosten. Im Ausschank gibt es außerdem Franziskaner Hefe, Köstritzer Dunkelbier und Berliner Weiße. Im Rosengarten bestellt man an der Theke und die Speisen werden gebracht. Die berühmt berüchtigten Elsässer Flammkuchen sind mit einem Warnhinweis (Vorsicht! macht süchtig! Bitte nur im äußersten Notfall bestellen!) versehen. Die Flammkuchen gibt es mit Käse, Speck, Creme Fraiche, Feta und Peperoni. Wer es gerne deftig mag, bestellt Handkäs´mit Musik, Scharfe Büdinger mit Brot, Ofenkartoffel mit Spare Ribs oder sehr scharfe Hähnchen mit Knoblauch. Der Apfelwein kommt aus der Büdinger Kelterei Ludwig Nagel. Zum „süßen Angebot" zählen Kuchen, Eis, eine Kaffeetheke und diverse Teesorten. Im Biergarten über der Stadt, mit rund 100 Plätzen, sind auch Hunde willkommen.

ROSENGARTEN
IM HOTEL FÜRSTENHOF
NEUSTADT 37
63654 BÜDINGEN
TELEFON 06042-9604-0
FAX 06042-960415
MO BIS SO 12 UHR BIS OPEN END
(JE NACH WETTERLAGE)
WWW.FUERSTENHOF-BUEDINGEN.DE
E-MAIL:
FUERSTENHOF_BUEDINGEN@WEB.DE

Saline

BÜDINGEN

HAUS MIT LANGER TRADITION

BEWÄHRT & BÜRGERLICH

KÜCHE

PREIS

AMBIENTE

Das heutige Gasthaus Saline wurde 1729 als Verwaltungsgebäude der damaligen Saline erbaut. 1834 brannten die Gradierbauten ab und das Wirtshaus „Ysenburger Hof" wurde mit einigen Zimmern eröffnet. Seit 1860 ist das Haus im Besitz der Familie Schmück. 1953 erfolgte der Einbau einer Zentralheizung und ab 1984 erfolgte jedes Jahr ein Umbau, um dem Haus ein neues Gesicht zu geben und den Standard zu verbessern. Heute wird das Haus in fünfter Generation mit großem persönlichem Engagement und freundlichem Service geführt. Zu den Spezialitäten des Hauses zählen Wildgerichte aus dem eigenen Revier, wie Entenbraten mit Knödel und Rotkraut, saisonale Küche und spezielle Gerichte in der Spargelzeit. Urgemütlich ist die Gaststätte mit original Einrichtung aus den 1930er Jahren, wo es schmackhafte, gut bürgerliche, deutsche Küche gibt. Dazu schmeckt ein frischgezapftes Bier vom Fass der Licher-Palette oder Köstritzer Schwarzbier. Auch selbstgekelterten Apfelwein gibt es zu probieren. Im Obergeschoss des Hauses laden acht Doppelzimmer und zwei Einzelzimmer zu einer fürstlichen Übernachtung ein. Seit fünf Jahren verfügt das Gasthaus über einen Biergarten mit 56 Plätzen, der bis Ende September und bei schönem Wetter bis Oktober geöffnet hat. Ein idyllischer Flecken, der auch gerne von Wanderern angenommen wird. Ellen und Wolfgang Lorenz bieten ihren Gästen im Rahmen einer Aktion des Gewerbevereins Schotten „Wandern ohne Gepäck" an.

GASTHAUS SALINE
AN DER SALINE 9
63654 BÜDINGEN

TELEFON 06042-2359
FAX 06042-4576

TÄGLICH VON 17 UHR BIS ENDE
SO- UND FEIERTAGE
11 BIS 14 UND 17 UHR BIS ENDE

WWW.GASTHAUS-SALINE.DE

Schloss Büdingen
Bacchus im Schloss

BÜDINGEN

WEINE IN LOUNGE-ATMOSPHÄRE

SCHICK & INTERNATIONAL | KÜCHE | PREIS | AMBIENTE

Vom Parkplatz des Schlossplatzes aus schweift der Blick des Touristen nicht selten von der stattlichen Marienkirche und den schmucken Fachwerkhäusern hinüber zur Sommerterrasse des „Bacchus im Schloss". Am 15. April 2008 wurden Café, Lounge und Galerie von Claudia Trupp neu eröffnet. Das Haus versteht sich als Ergänzung zur deutschen, bürgerlichen Küche. Kleine warme, kalte und vegetarische Köstlichkeiten stehen auf der Speisekarte. Zu den Spezialitäten, die Küchenchef Michael Beusch und Jungkoch Dennis Wunsch zaubern, zählen gebratener Ziegenkäse mit marinierten Feigen oder Zitonensuppe mit Olivengremolata. Als Ergänzung zur Speisekarte gibt es Mittagsmenüs und am Wochenende und Grillabende. Dank einer hauseigenen „Backfee" werden täglich frische Blechkuchen mit Saisonobst und zu bestimmten Anlässen Torten angeboten. Ein wichtiges Anliegen ist es der Chefin des Hauses, Kultur und kulinarische Schmankerl zu verbinden. Die filigranen Lichtobjekte in den Fensternischen stammen von der französischen Künstlerin Armelle Vidal. Im Kaminzimmer finden Events wie Lesungen, Comedy, Liederabende oder Weinproben statt. Die Galerie im Obergeschoss ist ganzjährig geöffnet und bietet regionalen Künstlern ein attraktives Forum. Bacchus wird mit Weinen aus Rheinhessen, Frankreich oder Österreich gehuldigt. Der romantische Charakter dwird durch Lichtilluminationen im Sommergarten unterstrichen. Eine Frühstücksfrau zaubert fantasievolle Kreationen. Dinner für Verliebte wird in der Galerie serviert.

SCHLOSS BÜDINGEN
„BACCHUS IM SCHLOSS"
SCHLOSSPLATZ 1
63654 BÜDINGEN
TELEFON 06042-9794315
MOBIL 0175-8765689

DI BIS DO 13 BIS 23 UHR
FR BIS SO 9 BIS 23 UHR

WWW. BACCHUS-IM-SCHLOSS.DE

Schloss Ysenburg

FLORSTADT

KLEIN-VENEDIG DER WETTERAU

EDEL & FEIN | KÜCHE | PREIS | AMBIENTE

Staden, das wegen seiner vielen Brücken im Volksmund das „Klein Venedig" der Wetterau genannt wird, besitzt seine Stadtrechte seit dem Jahr 1304. In Staden selbst finden sich zwei Schlösser, eine dazugehörige Parkanlage, eine Mineralquelle, viele reizvolle Winkel mit alten Fachwerkhäusern und die im Jahr 1522 auf Holzpfählen gebaute, überdachte „Seufzerbrücke". Das unter Denkmalschutz stehende Schloss Ysenburg wurde im Jahr 1574 auf den Resten einer ehemaligen Wasserburg von den Herren von Carben im Renaissancestil errichtet. Der Name Ysenburg führt in die Zeit von 1788 zurück, in der das Schloss im Besitz der Grafen von Ysenburg-Büdingen war. 1852 wurde das Haus von Johannes May II. gekauft und in Einheit mit den angrenzenden Gebäuden als landwirtschaftliches Gut betrieben. Die Zeichen der Zeit sind an dem Schloss nicht spurlos vorbeigegangen. So weist der vordere Eingang einen gotischen Spitzbogen auf. Einmalig für die Region sind die 1902 einbauten Stuckdecken im Jugendstil. Das Haus ist seit vier Generationen in Familienbesitz und wird seit 1949 als Hotel-Restaurant betrieben. Das Hotel verfügt über 20 Betten, Veranstaltungsräume für 20 bis 50 Personen, eine Caféstube und eine romantische Terrasse, auf der man im Sommer Kaffee und selbstgebackenen Kuchen genießen kann. Von dort kann man den Schwänen oder Enten beim Baden zusehen. Geboten wird deutsche Küche, selbstverständlich auch vegetarisch. Ein eigener Parkplatz ist vorhanden. Staden liegt nur 35 Kilometer nördlich von Frankfurt.

SCHLOSS YSENBURG
PARKSTRASSE 20
61197 FLORSTADT-STADEN

TELEFON 06035-9676-0
FAX 06035-9676-29

WARME KÜCHE

12 BIS 14 UND 18 BIS 22 UHR
MO RUHETAG

WWW.SCHLOSS-YSENBURG.DE

Schlosshotel

GEDERN

NEUER STANDORT
MIT BEKANNTER QUALITÄT

SCHICK & INTERNATIONAL

KÜCHE

PREIS

AMBIENTE

Gepflegte, deutsche Küche im fürstlichen Ambiente bekommt der Gast im Schlosshotel Gedern vermittelt. Küchenmeister Hubertus Schultz, Jahrgang 1963, ist in dem stattlichen Gebäude mit Schultz Food & Events sesshaft geworden. Schultz ist seit über 25 Jahren Koch aus Leidenschaft. Erste Adressen der Topgastronomie in ganz Europa prägten seine Fähigkeiten. Der Küchenmeister, der über jahrelange Erfahrungen im Management bei internationalen Konzernen wie Eurest, Mitropa und Centerparcs verfügt, setzt auf einen neuen Standort, neue, interessante Zusatzangebote und weiterhin bekannte Qualität. Nach dem Motto: „Eine gute Küche ist das Fundament wahren Glücks!", ist Schultz immer für eine kulinarische Überraschung gut. So richtet der mehrfach ausgezeichnete Küchenmeister nicht nur Grillevents oder Dinner-Theater aus, sondern bietet auch einen Kochzirkus an und ist auf Gewerbemessen und Betriebsfesten präsent. Langjährige Erfahrungen in der individuellen Umsetzung neuer Event-Konzepte spornen Schultz zu Höchstleistungen an. Das bekommen seine Gäste im Schlosshotel Gedern auf angenehme Weise zu spüren. Denn im Schloss spielt sich die Hauptsache auf dem Teller ab. Da gibt es so leckere Gerichte wie Gänsekeule nach Grossmütterchens Art zu genießen, die Teil eines ausgeklügelten Menüvorschlags sind oder Laugenbrezeltaler, Kartoffel-Samt-Suppe sowie Eisparfait an Pralinen-Sauce. Gerichte, bei denen einem das Wasser im Mund zusammen läuft. Spannende Kochtechniken vermittelt Schultz auch in der Kochakademie.

SCHLOSSHOTEL GEDERN
SCHLOSSBERG 5
63688 GEDERN

TELEFON 06045-9615-0

GEÖFFNET
DI BIS FR AB 18 UHR

SA BIS SO 12 BIS 14 UHR
UND AB 18 UHR

WWW.SCHLOSSHOTEL-GEDERN.DE

Schlossmühle

BÜDINGEN

EIN STÜCK STADTGESCHICHTE

BEWÄHRT & BÜRGERLICH

KÜCHE

PREIS

AMBIENTE

Die „Mule zu Webiß by Büdingen dem Schloss gelegen" wurde erstmals 1399 erwähnt. Als Lehnstück der Kurpfalz in der Wetterau und zu den Besitzungen, die Kaiser Barbarossa seinem Bruder Konrad Pfalzgraf bei Rhein übertrug, ist sie heute ein Stück Geschichte der Stadt. Die Mühle hatte für die Pfalzgrafen und späteren Fürsten eine große wirtschaftliche Bedeutung. Zugleich war es die „Bannmühle" der Stadt, in der die Bürger ihr Mehl mahlen lassen mussten. Ihre Funktion erfüllte die Schlossmühle noch bis ins 20. Jahrhundert. Gastronomisch erregte sie als Musikkneipe Aufmerksamkeit. Das seit 2007 renovierte Sommerhaus wurde einst als Mehlkammer errichtet. Es wird heute zur Bewirtung des Biergartens und für Veranstaltungen genutzt. Das Restaurant „Schlossmühle„ eröffnete am 7. September 2007 unter neuer Leitung. Eines der wohl beliebtesten Büdinger Lokale wird von Küchenmeister Bert Lilischkis und drei Müllerinnen (Bedienungen) geführt. Lilischkis war Privatkoch bei Ivan Rebroff. In der Schlossmühle bietet er deutsche Küche mit frischen Zutaten und jeden Sonntag frisch geräucherten Fisch. Die Speisekarte der Schlossmühle ändert sich mit der Saison.

RESTAURANT SCHLOSSMÜHLE
UND SOMMERHAUS
MÜHLTORSTRASSE 24

63654 BÜDINGEN
TELEFON 06042-958836

SOMMERHAUS: MI BIS SA AB 12 UHR
SO- UND FEIERTAGE AB 10 UHR

MUEHLE: MI BIS FR AB 17 UHR
SA, SO UND FEIERTAGE AB 12 UHR

WWW.
SCHLOSSMUEHLE-BUEDINGEN.DE

Tipp: Wolfgang Ernst Fürst zu Ysenburg und Büdingen

Schloßstuben

BÜDINGEN

STUBEN
FÜR STILLE STUNDEN

BEWÄHRT & BÜRGERLICH

KÜCHE

PREIS

AMBIENTE

Weitab von hektischer Betriebsamkeit und lärmenden Einkaufsstraßen, liegt etwas versteckt das Hotel und Restaurant „Schloßstuben". Aufmerksame Touristen und Spaziergänger entdecken das große Haus nicht selten zufällig, auf ihrem Weg zum Büdinger Schloss, das sich nur einige Gehminuten entfernt an das Haus anschließt. In den Schlossstuben kann man allerdings nicht nur in der Nähe des Fürstenpaares zu Ysenburg und Büdingen übernachten und gepflegt bürgerlich logieren, sondern auch die Angebote der gepflegten gutbürgerlichen Küche genießen. Besonders zu empfehlen sind Lendchen und Spätzle. Mittwochs gibt es 20 verschiedene Sorten Schnitzel mit Beilagen zu sechs Euro und Freitag ist Steaktag. Besondere Feiertagsmenüs, spezielle Länderwochen und den Jahreszeiten entsprechende Überraschungen aus der Küche sorgen für gekonnte Abwechslung im kulinarischen Angebot. Der große, begrünte Biergarten ist der ideale Ort für eine sommerliche Auszeit: Familien mit Kindern lassen sich dort ebenso gerne nieder, wie verliebte Paare, die auf Sightseeing-Tour durch die romantische Fürstenstadt schlendern. Geführt wird das Haus seit 2007 von Christian Bauer als neuem Restaurantpächter. Die Schlossstuben sind Insidern als Gründungslokal der Band „Krautheads" bekannt.

HOTEL-RESTAURANT SCHLOSSSTUBEN
SCHLOSSGASSE 14
63654 BÜDINGEN

TELEFON 06042-97 05 10
FAX 06042 9705133

KÜCHE 11.30 BIS 13.45 UHR
UND 18 BIS 21 UHR

MO (RESTAURANT) RUHETAG
WWW.HOTEL-SCHLOSSSTUBEN.DE

E-MAIL: KONTAKT
@HOTEL-SCHLOSSSTUBEN.DE

Schuchmann

NIDDA

GRATISLOGIS
FÜR VIERBEINER

BEWÄHRT & BÜRGERLICH

KÜCHE

PREIS

AMBIENTE

Stammgäste prägen die Kundschaft des überschaubaren Restaurants, doch natürlich kommen auch Kurgäste, Wanderer, Spaziergänger und Flaneure. Schuchmann ist im Niddaer Stadtteil Bad Salzhausen bekannt. Das ganze Haus hat jenen Charme, der sich aus einer Mischung aus Bodenständigkeit und Herzlichkeit zusammensetzt. Auf Grund einer 30-jährigen Tradition und dem guten Ruf besonders bei Kur- und Feriengästen sowie Geschäftsreisenden ist das Haus als gute Adresse sehr beliebt. Das Gebäude befindet sich in ruhiger Lage am Kurpark. An der begrünten Hauptfassade spaziert man leicht vorbei und würde dahinter kaum ein Anwesen dieser Größenordnung vermuten. Die gemütliche, familiäre Atmosphäre sowie das gepflegte Ambiente wirken entspannend. Die gepflegte Gastlichkeit zeigt sich in vielen, kleinen Details. Zu den Dienstleistungen zählt auch der Abholservice von Haus zu Haus. Ein Erlebnis ist die anerkannt gute Küche des Restaurants. Dort führt der Chef des Hauses Regie. Die tägliche Menüwahl wird mit frischen Produkten aus der Umgebung und Wild aus dem nahen Vogelsberg in bester Qualität frisch zubereitet. Die Küche setzt Maßstäbe in puncto Gesundheit. Für Dessertliebhaber gibt es Kuchen-und Tortenkreationen sowie Eisspezialitäten aus der hauseigenen Konditorei. Bei einem Besuch bei Schuchmann kann man den Alltag weit hinter sich lassen. Parkplätze findet man direkt am Verwöhnhotel. Kurzentrum und Solebewegungsbad sind zu Fuß zu erreichen.

HOTEL CAFÉ RESTAURANT
SCHUCHMANN
KURSTRASSE 39–43
63667 NIDDA-BAD SALZHAUSEN
TELEFON 06043-96020

TÄGLICH 12 BIS 14
UND 17.30 BIS 21 UHR

SO- UND FEIERTAGE 11.30 BIS 14
UND 17.30 BIS 21 UHR

WWW.HOTEL-SCHUCHMANN.DE

Sonnenberg

SCHOTTEN

EIN SEELEBAUMELORT

BEWÄHRT & BÜRGERLICH | KÜCHE | PREIS € € | AMBIENTE

Der Name „Haus Sonnenberg" sagt es: Das Hotel-Restaurant liegt an einem sonnigen Berghang, oberhalb des Historischen Städtchens Schotten, dem Eingangstor zum Naturpark „Hoher Vogelsberg". Im Sonnenberg findet man analog der Hotelbroschüre in der Tat die Ruhe, die man benötigt, um sich als Gast bestens erholen zu können. Das gemütliche Restaurant bietet Platz für jede Gelegenheit, ist großzügig geschnitten und durch eine große Fensterfront hell und freundlich gestaltet. Küche und Keller sorgen für ein vielfältiges Angebot an köstlichen Speisen und gepflegten Getränken. Die kulinarischen Genüsse erstrecken sich vom Vogelsberger Gericht bis zum festlichen Menü. Nach Lust und Laune des Gastes lassen sich internationale Spezialitäten ebenso wie die regionale Küche genießen. „Natur pur" kann der müde Wanderer, der freizeitorientierte Spaziergänger oder der urlaubsreife Übernachtungsgast in dem großen Garten des Hauses und auf der Terrasse genießen. Herrliche Luft und das einmalige Ambiente des Vogelsberges bieten die passende Atmosphäre für einen „Seelebaumelort". Der Freizeitbereich mit über 200 Quadratmeter Gesamtfläche bietet neben einem großen Hallenbad auch einen Saunabereich, eine Kegelbahn und zwei Solarien. Rund um das Haus erwartet die Besucher ein Naturpark mit ausgeschilderten Nordic-Walking Strecken, Mountain-Bike-Routen und über 3000 Kilometer Wanderwegen. Aktive Unterhaltung bieten auch die legendären Motorradstrecken des Schottenringes oder die Marktstadt Schotten, nur sieben Gehminuten vom Hotel entfernt.

HOTEL-RESTAURANT SONNENBERG
LAUBACHER STRASSE 25
63679 SCHOTTEN

TELEFON 06044-9621-0
FAX 06044-962188

KÜCHE
MO BIS SO 12 BIS 14 UHR
UND 18 BIS 21.30 UHR

WWW.
HOTEL-HAUS-SONNENBERG.DE

Sonnenberg

BÜDINGEN

NEUE ENERGIE TANKEN

SCHICK & INTERNATIONAL

KÜCHE

PREIS € € €

AMBIENTE

Um in der Gastronomie jahrzehntelang erfolgreich zu sein, muss man dafür geboren sein, so wie Lucie Garbe. Die symphatische Wirtin hat für ihre Gäste stets ein freundliches Lächeln auf den Lippen. Gemeinsam mit Ehemann und Küchenmeister Claus und einem erfahrenen Gastroteam servieren die Garbes in ihrem Restaurant die Primeurs der Jahreszeiten aus Garten, Wald und Wasser. Stets die richtige Adresse ist das Haus für ein Dinner zu zweit, mit guten Freunden, im Rahmen von Familienfesten oder bei geschäftlichen Anlässen. Nur 45 Kilometer von der Mainmetropole Frankfurt entfernt, bieten die Garbes Messebesuchern und Geschäftsreisenden eine Atmosphäre der Entspannung. Auch für einen Aktivurlaub oder einen Kurztrip mit Kegel- oder Stammtischfreunden eignet sich das Hotel hervorragend. Drei Bundeskegelbahnen im Haus garantieren Spaß bei zünftiger Bewirtung. Teatime im Wintergarten mit leckeren Kleinigkeiten ist ebenso möglich, wie der Genuss von Sommer und Sonne im Bistro-Garten mit erfrischenden Getränken, bunten Eisbechern und leckeren Kleinigkeiten aus der Küche. Ein Kastanienbaum spendet ausreichend Schatten. Für Kinder ist viel Platz zum Toben und Tollen auf dem hoteleigenen Rasen. Während des Jahres werden Aktionen und Veranstaltungen wie Spezialitätenbrunch mit Live-Musik geboten. Beliebt sind die Jazz-Auftritte diverser Gruppen und seit kurzem auch die Verbindung von Brunch und Literatur. Sehenswert ist die große, schicke Hotelbar nach amerikanischem Vorbild.

HOTEL RESTAURANT SONNENBERG
SUDETENSTRASSE 4 – 6
63654 BÜDINGEN

TELEFON 06042-3051 UND 3052
FAX 06042-823

GEÖFFNET

MO BIS SA 7 BIS 24 UHR
SO 8 BIS 15 UHR

WWW.
SONNENBERG-BUEDINGEN.DE

Taufsteinhütte

SCHOTTEN

DER VOGELSBERG
IN CARNIERS TÖPFEN

WALDNAH & WANDERBAR

KÜCHE

PREIS

AMBIENTE

Die Visitenkarte ist in dezentem Grün gehalten. Die Skizze darauf, die ein Haus, einen Hügel und Bäume zeigt, mutet ein bißchen wie Naive Malerei an. Dennoch spiegelt sie einen Aspekt sehr deutlich, den viele Besucher der Taufsteinhütte schätzen, die umliegende Natur. Der landschaftliche Zauber umfasst weite Täler und Höhen, Hochmoore und stille Seen. Viel

frische Luft zum Atmen und das Erlebnis eine Fauna und Flora mit Quellbächen zu erleben. 1993 übernahm die Familie Carnier die Taufsteinhütte in unmittelbarer Nähe des Hoherodskopfes. Gerne angenommen wird im Sommer die Aussenterrasse mit insgesamt 70 Sitzplätzen. Das Restaurant besitzt ein besonders gepflegtes Ambiente. Entstanden ist eine gelungene Mischung aus Rustikalität und liebevoller Gastlichkeit. In einer Gegend, wo der Gast schon beinahe eine Sünde begeht, wenn er kein Schnitzel isst, sorgt die fantasievolle Küchen-Crew der Taufsteinhütte für gelungene Auswege in kulinarischer Hinsicht. Nicht nur die Regionalküche ist hier satte Wirklichkeit. Deftige Mahlzeiten werden im Wechsel mit besonderen Spezialitäten in zeitgemäßer und regional beeinflusster Kombination gereicht. Die Neue wird mit der klassischen Küche verbunden. Es gibt wechselnde Tageskarten und für Menschen mit großem Hunger und nach einer anstrengenden Wanderung am Nachmittag hausgemachten Kuchen, der als verführerisch-süßer Traum besonderes Lob verdient. Nur die fast-food-gewöhnte Generation hat es in der Taufsteinhütte nicht leicht.

RESTAURANT TAUFSTEINHÜTTE
AUSSERHALB 24
63679 SCHOTTEN

TELEFON 06044-2381
FAX 06044-4059

GEÖFFNET

MI BIS SO 11.30 BIS 23.30 UHR
MO UND DI RUHETAG

WWW.TAUFSTEINHUETTE.DE

Teichhaus

BAD NAUHEIM

HAUS EINER HERZENSKÖNIGIN

KIND & KEGEL | KÜCHE | PREIS | AMBIENTE

Das Teichhaus am 500 Meter langen Kurteich hat 1780 Landgraf Wilhelm IX., für eine seiner Herzensköniginnen erbaut. Die Geliebte verschwand, bevor das Gebäude fertiggestellt war. Danach wurde das Anwesen als Wohnung des Grabenmeisters genutzt. Er galt als wichtige Persönlichkeit, betreute die Solgräben und die Wasserwirtschaft. Während jener Zeit wurden die ersten Spaziergänger verköstigt. Die Terrasse der Teichhaus-Restauration war ein Anziehungspunkt und wurde viel besucht. Ende der 60er Jahre wurde der hölzerne Restaurantteil, zirka 400 Quadratmeter, abgerissen. 1994/95 entwickelte die neugegründete Teichhaus GmbH zusammen mit dem hessischen Staatsbad ein Konzept, um das abbruchreife Teichhaus zu sanieren und es wieder in Betrieb zu nehmen. Seit August 1995 ist das Teichhaus umgebaut. Heute wird es wieder als Café, Biergarten und ganzjährig als Lokal betrieben. Im Sommer finden zahlreiche Open-Air Veranstaltungen statt. Da gibt es Fino Musik zum Zurücklehnen, Latin Jazz Balladen mit mediterranem Touch oder romantische Elvis Songs. Zu den kulinarischen Angeboten zählt ein Morgenmahl, zwischen Frühstück und Brunch, auf der Terrasse oder in der neuen Galerie. Originell ist der Online Espresso. Wer keine Zeit hat, seinen Espresso im Teichhaus zu trinken, kann dies online tun. Mit der Mouse ist es möglich, verschiedene Utensilien zu bewegen und sich seinen eigenen Kaffee zuzubereiten. 2001 hat das Teichhaus den Bootsverleih übernommen. (06032) 935720.

TEICHHAUS
NÖRDLICHER PARK 17
61231 BAD NAUHEIM
TELEFON 06032-72992

FRÜHSTÜCK IM PARK
SO VON 10 BIS 14 UHR
VORBESTELLUNGEN UNTER
INFO@TEICHHAUS.DE

WWW.TEICHHAUS.DE

Thessaloniki

BÜDINGEN

GRIECHISCHE ANTIKE INKLUSIVE

BEWÄHRT & BÜRGERLICH | KÜCHE | PREIS € € | AMBIENTE

Service steht bei Christophorus Lazaridis an erster Stelle. Seine Gäste sollen zufrieden sein, wenn sie sein Restaurant nach dem Genuss griechischer Spizialitäten und deutscher Gerichte verlassen. Wert legt der mittlerweile dritte Besitzer des seit 18 Jahren bestehenden Restaurants auch auf ein gutes Preis-Leistungsverhältnis und das Ambiente. 50 Sitzplätze im Innenbereich und 20 außen hält Lazaridis vor. Dort kann der Gast an hübsch eingedeckten Tischen seine Mahlzeiten mit Blick auf die Berliner Straße einnehmen. Vorwiegend werden Gäste aus der Region bewirtet, aber auch aus Gelnhausen und dem benachbarten Vogelsberg, die Büdingen gerne als Ausflugsort besuchen und den Tag in einem netten Restaurant ausklingen lassen wollen. Unter 200 Spezialitäten kann man auf Lazaridis Speisekarte wählen. So gibt es typisch griechische Vorspeisen, Salate, Fisch-und Geflügelspezialitäten, Gyros oder Griechische Teller vom Grill. Zur Auswahl stehen Gerichte vom Schwein, Lamm, Rind und Kalb sowie Spezialitäten des Hauses aus dem Backofen und der Pfanne – für kleine Gäste nach beliebten Disneyfiguren benannt, kosten sie alle sechs Euro. Im Innenbereich wecken ein Aquarium mit Meeresschildkröten, Bilder von griechischen Landschaften und Säulenrepliken an den Wänden bei dezent angenehmer Musik Sehnsucht nach dem beliebten Urlaubsland in der Ägäis. Dekorativ sind auch die griechischen Götterbüsten von Apollo und Hermes . Das teuerste Gericht ist die Thessaloniki-Platte für vier Personen zu 56 Euro.

RESTAURANT THESSALONIKI
BERLINER STRASSE 24
63654 BÜDINGEN

TELEFON 06042-7100

GEÖFFNET
11.30 BIS 14 UHR
UND 17.30 BIS 23 UHR
MO UND DO 17.30 BIS 23 UHR

Trattoria Aubergine

FREIGERICHT

GEHEIMTIPP
MIT URLAUBSFEELING

EDEL & FEIN

KÜCHE

PREIS

AMBIENTE

Ein besonderes Ambiente verspricht bereits das Äußere der Trattoria. Der aus Granitmauerwerk erbaute Gebäudekomplex präsentiert sich mit dem Originalturm eines alten italienischen Schlosses. In den Sommermonaten bietet die Fassade mit den Weinreben, Palmen, Olivenbäumen und Zypressen den idyllischen Hintergrund zum Genießen im „Giardino Aubergine".

Aber auch zu anderen Jahreszeiten ist die Terrasse immer geöffnet. Sie vermittelt nicht nur toskanisches Flair, sondern auch einen Hauch von Urlaubsfeeling. „Maitre de Cuisine" Jürgen Ludewig und seine Frau offerieren ihren Gästen Gaumenfreuden aus der italienischen, deutschen und französischen Küche. Vorspeisen, Suppen, Salate oder Desserts, Nudel-, Fleisch-, Fisch-oder vegetarische Gerichte sowie raffinierte Desserts oder Schlemmermenüs werden den Gästen zu fairen Preisen kredenzt. Kaffee und Kuchen am Nachmittag laden zum Genießen unter freiem Himmel ein. Die Terrasse bietet bequeme Sitzgelegenheiten, umrahmt von dauergrünen Gewächsen. Zu dem mediterranem Urlaubsfeeling gehören Sommerdrinks und beliebte Cocktails. Die frühzeitige Reservierung ermöglicht einen ganztägen Platz an der Sonne. Die Trattoria eignet sich besonders als Oase der Erholung, zum gemütlichen Treffpunkt mit Freunden oder kulinarischem Ausflugsziel mit dem gewissen Etwas. Reservierte Tische werden durch weiße Kieselsteine kenntlich gemacht und sind mit dem Namen des jeweiligen Gastes versehen. Diese Steine sind begehrte Erinnerungsstücke.

TRATTORIA AUBERGINE
GEWERBEGEBIET BIRKENHAIN 2
63589 FREIGERICHT-
LINSENGERICHT

TELEFON 06051-977447

GEÖFFNET
10 BIS 24 UHR

WWW.TRATTORIA-AUBERGINE.DE

Vogelsberger Hof

GREBENHAIN

IM NEST
DES VOGELSBERGER HOF-SPATZEN

WALDNAH & WANDERBAR

KÜCHE

PREIS

AMBIENTE

„Tschilp, tschilp", fast hört man den Vogelsberger Hof-Spatzen zwitschern, wenn man vor dem markanten Gebäude in Crainfeld steht. Das Konterfei des Vogels über dem Eingang macht neugierig. 200-jährige Tradition inmitten wunderschöner Natur verbergen sich hinter der Haustür. Das Haus, das von Brigitte und Werner Kraft geführt wird, erhielt seinen Namen im Oktober 1991. Im Jahr 2000 wurde der Biergarten auf der Rückseite des Hauses direkt am Vulkan-Radweg installiert. Er ist das Herzstück des Hauses und garantiert Erholung pur. Für besonders Durstige gibt es einen offenen Getränkeausschank, direkt am Radweg, wo man sich ein frisch gezapftes Radler schmecken lassen kann. Einen Blick auf den Biergarten und die ihn umgebende Natur kann der Gast auch vom Vogelsberger Stübchen mit rund 22 Sitzplätzen genießen. Familienfreundlichkeit wird großgeschrieben und auch die kleinen Gäste kommen auf ihre Kosten. Außerdem werden verschiedene Aktionen wie „Tag der Kartoffel" oder Erntedankbuffet angeboten. Ein Partyservice garantiert lecker-warmes Büffet, hübsch dekorierte kalte Platten und appetitanregende Häppchen, direkt nach Hause oder an den Ort der Feierlichkeit. Der Vogelsberger Hof beteiligt sich an den Vogelsberger Lammwochen mit Köstlichkeiten rund um Heidschnucken aus eigener Zucht, bietet darüber hinaus Vorhang frei-Comedy und Kabarett, Aktionen wie Wild-Kräuter Suche oder „beerenstarke Tage". Für die Gäste des Vogelsberger Hofes gibt es Licher Bier im Ausschank.

LANDGASTHOF VOGELSBERGER HOF
FRANKFURTER STRASSE 19
36355 GREBENHAIN-CRAINFELD

TELEFON 06644-439
FAX 06644-1528

DI BIS SO DURCHGEHEND

MO RUHETAG

WWW.
VOGELSBERGERHOF-CRAINFELD.DE

Wild-Stubb

AULENDIEBACH

IMMER
SAUGUT !

HEIMATLICH & RUSTIKAL | KÜCHE | PREIS | AMBIENTE

Die Jagd gibt es seit über 60 000 Jahren, Büdingens Stadtteil Aulendiebach seit mehr als 1200 Jahren und die "Wild-Stubb" seit dem 5. März 2006. Inhaberin Samantha Walter und ihr Ehemann Guido möchten ihren Gästen die Jagd näher bringen. Das Wild wird in den umliegenden Jagdrevieren erlegt und findet nach den strengen Regeln der Wildbretverarbeitung den Weg auf den Teller. Im Angebot Heimisches wie Wildsau, Reh, Rot- und Dammwild sowie Ente, Gänse und Tauben. Der Tisch wird je nach Jagdzeiten und Hegeverantwortung gedeckt. Das Wildfleisch ist fettarm und eiweißreich. Zu den Spezialitäten gehört die Wildsau am Spieß, zu den Sommer-Highlights ein zünftiges Bier im kalten Steinkrug im sonnigen, ruhigen Biergarten. Die Wild-Stubb ist ein Geheim-Tipp unter Jägern und Wanderern. Handverlesene Randfichten, die Decken und Wände schmücken, entstammen dem heimischen Wald, ebenso wie die handgefertigten Tische und Bänke. Die Schankanlage im rustikalen Stamm läßt erlesene Biere aus dem Baum fließen. Beliebt ist die Wild-Stubb auch wegen ihrer Edelbrände aus der Wetterau. Gern bestellte Gerichte sind der Blattschuss-Hochgenuss, ein Wildrückensteak vom Grill mit Pilzcognacrahm und Rösti oder der Wildunfall, ein Wildhackbraten mit Zwiebelsauce. Für die kleinen Jäger gibt es Wolperdinger, worunter Wildfrikadellchen mit Kartoffelecken zu verstehen sind. Gerichte frisch aus dem Backofen stehen ebenfalls auf der gut zusammengestellten Speisekarte.

WILD-STUBB
GLOCKENSTRASSE 14
63654 BÜDINGEN-AULENDIEBACH

TELEFON 06042-975637
MOBIL 0160-99174061

GEÖFFNET
MO BIS DO AB 17 UHR
FR AB 16 UHR, SA AB 11 UHR
SO AB 10 UHR

WWW.WILDSTUBB.DE

Zum Brunnenbach

ORTENBERG

BROTZEIT,
JEDERZEIT !

HEIMATLICH & RUSTIKAL

KÜCHE

PREIS

AMBIENTE

In der Brunnenstrasse in Usenborn wurde bereits 1710 eine Gaststätte eröffnet. Heute wird sie in der fünften Generation im Familienbetrieb geführt. Der gelernte Koch und Staatlich geprüfte Lebensmitteltechniker Sascha Schupp und seine Mutter Heidemarie Schupp garantieren für gute Zutaten und frische Zubereitung. Besonders zu empfehlen sind die Rumpsteaks vom argentinischen Rind sowie Hähnchen. Die Schupps bieten deutsche und internationale Küche. Viel Zulauf erfahren sie von Wanderern und Wandergruppen. 20 Plätze laden im Außenbereich zur kurzen Rast ein. In der Gaststätte stehen 50 Sitzplätze zur Verfügung. Frisch gezapftes Binding Bier gibt es im Ausschank. Im Sommer wird Weizenbier angeboten und Apfelwein vom Fass, aus einer Kelterei in Butzbach-Ostheim. In den Wintermonaten führen die Schupps Hausschlachtungen durch und bieten Wurstgläser zum Mitnehmen an. Fußballfans kehren im Landgasthof wegen der Sportsbar mit Maxileinwand ein. Jeden Sonntagabend gibt es vergünstigte Aktionen und auch ansonsten ist das Preis-Leistungsverhältnis stimmig und die Preise seit Jahren stabil. Eine Vesperplatte mit verschiedenen Wurst- und Käsesorten, Bauernbrot und Butter gibt es für 5,50 Euro. Das Schnitzel „Zum Brunnenbach" (Zwiebeln, Spiegelei, Bratkartoffeln, gemischter Salat) ist für 10,50 Euro zu haben. Für Rumpsteaks und Schnitzel muss man Hunger mitbringen. Die Portionen reichen von 250 bis 500 Gramm. Essensgutscheine und Partyservice gibt es auch. Parkplätze sind direkt im Hof.

LANDGASTHOF ZUM BRUNNENBACH
BRUNNENSTRASSE 36
63683 ORTENBERG

TELEFON 06046-1368

GEÖFFNET
DI BIS SO 11 BIS 24 UHR
MO RUHETAG

WWW.ZUM-BRUNNENBACH.DE

Zum Felsenmeer

GREBENHAIN

WO LAVA
EINST GEFLOSSEN

HEIMATLICH & RUSTIKAL

KÜCHE

PREIS

AMBIENTE

Unbeschwertes Urlaubsfeeling auf Hessens Urgestein, dem größten erloschenen Vulkan Europas, läßt sich wunderbar im romantischen Schwarzbachtal in Hochwaldhausen erleben. Dort, wo einst die Lava floß, offenbart sich der Vogelsberg heute als sagenumwobene und vielgestaltige Landschaft. Und weil die gute Luft Appetit macht, steht dort Genießen an erster Stelle. Doch der Gast wird nicht nur kulinarisch verwöhnt, sondern mit einer breiten Palette an interessanten Freizeitangeboten. Motorradclubs, Radlervereine, Wanderer, Reiter- und Busgruppen sind willkommen. Auch Caravanstellplätze stehen zur Verfügung. Vom Felsenmeer aus, läßt sich gut das Naturerwachen im Vogelsberg mit sommerbunten Blumenwiesen auf dem Vulkan beobachten. Auch der Besuch der Vulkantherme in Herbstein, Hessens höchstgelegenem Heilbad, ist nur ein Katzensprung weit von dem Ort entfernt, wo noch viel Wert auf gepflegte Gastlichkeit und zufriedene Gäste gelegt wird. Im Gasthof Zum Felsenmeer ist Urlaub zu jeder Jahreszeit möglich. Golf, als wunderbare Kombination von Natur, Entspannung, Konzentration und Bewegung ist im Vogelsberg bekannt. In Sickendorf hat der Gast die Möglichkeit, in einer der schönsten Anlagen Deutschlands die Platzreife zu erwerben. Bei einem Spaziergang in unmittelbarer Umgebung können im Kurpark Enten gefüttert werden oder man macht einen Abstecher zum Minigolfplatz. Im Felsenmeer bei Familie Kramer vorbei zu schauen, lohnt sich in jeder Hinsicht.

GASTHOF ZUM FELSENMEER
JEAN-BERLIT-STRASSE 1
36355 GREBENHAIN-
HOCHWALDHAUSEN
TELEFON UND FAX 06643-336

GEÖFFNET
DI BIS SO 11 BIS 19 UHR
MO RUHETAG
WWW.
GASTHOF-ZUM-FELSENMEER.DE

Zum Gerippte

FRIEDBERG

VOM BEMBEL
INS GERIPPTE

APFELWEIN & HANDKÄS | KÜCHE | PREIS | AMBIENTE

Das Bild auf der Startseite der Homepage, der 1. Ockstädter Strausswirtschaft „Zum Gerippte" zeigt die Region schlechthin. Zu sehen ist ein Bembel aus Steingut, ein gefülltes Rippeglas, eine Schüssel mit Brotscheiben und ein Teller mit Handkäse und Zwiebeln. Der Name der Strausswirtschaft leitet sich vom ältesten Gegenstand der Apfelweinkultur ab, dem Glas. Das gerippte Glas hat Tradition wie kaum etwas Vergleichbares in dieser Kultur. Ein echter Hesse trinkt sein Stöffche nur aus dem Rippeglas. Mit seiner gradlinigen, zweckmäßigen Form steht es fest auf dem Tisch und verfügt über ein angemessenes Fassungsvermögen. Durch die Struktur des Rippenglases versuchte man den naturtrüben, unansehnlichen Apfelwein in früherer Zeit zu verschleiern. Da damals das Essen extrem fetthaltig war und Besteck noch nicht selbstverständlich, half die gerippte Struktur dabei, dass das Glas nicht aus der Hand fiel. Das Ehepaar Eva und Erich Scharf startete in diesem Jahr zur elften Saison ihrer Apfelwein-Straußwirtschaft in der Borngasse. Lustig geht es dabei im Hof und bei schlechtem Wetter in der angrenzenden Scheune zu. Nicht selten wird dem hessischen Liedgut Rechnung getragen und hier ist der oberhessische Dialekt in seiner schönsten Form zu hören. Mit eingelegtem Handkäse und selbstgekeltertem Apfelwein wird Schmackhaftes aus der Region angeboten. Dazu passen hauseigene Hochprozentige aus Mirabelle oder Apfel-Mispel. Als Besonderheit gibt es für ausgesprochene Genießer auch Quitte in Apfelwein.

STRAUSSWIRTSCHAFT ZUM GERIPPTE
BORNGASSE 30
61169 OCKSTADT

TELEFON 06031-3009

GEÖFFNET
VON APRIL BIS SEPTEMBER

FR BIS SO 17 BIS 22 UHR

WWW. ZUM GERIPPTE.DE

Zum Hanjer

ALTENSTADT-ENZHEIM

KLINGEL
IM BIERGARTEN

KIND & KEGEL | KÜCHE | PREIS | AMBIENTE

Nur wenige Kilometer von der Abfahrt Altenstadt an der Autobahn A45 Gießen-Hanau und etwa 120 Meter östlich des Vulkanradweges Glauberg-Altenstadt entfernt, liegt die idyllische Speisegaststätte „Zum Hanjer", die wegen ihrer Schnitzel bekannt ist und auch Steaks anbietet. Das Fleisch kommt aus der Region. 250 bis 300 Gramm sind Norm, dazu werden Zwiebeln, Pommes und Salat angeboten. In der Region sowie im Hanauer und Frankfurter Raum ist die Speisegaststätte für ihre nicht gerade knapp bemessenen und schmackhaften Portionen bekannt. Jeden ersten Dienstag im Monat gibt es einen Büffettag. Die Speisegaststätte besteht bereits in der vierten Generation. Ursprünge und Name gehen auf Hans Georg Schuhmacher (Kurzform: Hanjosch, abgeleitet: Hanjer) zurück, der 1890 einen Kolonialwarenladen mit Dorfkneipe gründete. Während der Laden verschwand, wurde die Schänke immer wieder erweitert, bis zum heutigen, idyllischen Erscheinungsbild. Wander- und Pilgergruppen machen dort Rast auf ihrem Weg zum Glauberg oder auch Radfahrer, die gerne vegetarisch essen. Eine Möglichkeit zum Unterstellen der Räder ist vorhanden, nicht nur während eines Regengusses, sondern auch schon mal für eine Nacht. Der Biergarten hat 60 Plätze. Da kein Sichtkontakt be-steht, gibt es im Biergarten eine Klingel, mit dem Hinweis: „Bitte klingeln – Bedienung kommt", von der man unbedingt Gebrauch machen sollte.

SPEISEGASTSTÄTTE ZUM HANJER
STOCKHEIMER STRASSE 87
63674 ALTENSTADT-ENZHEIM
TELEFON 06047-5530

MO AB 16 UHR
DI, DO, FR 11.30 BIS 14
UND AB 16 UHR
SA AB 11.30 UHR, SO AB 9 UHR

E-MAIL: GASTSTAETTE@HANJER.DE
WWW.HANJER.DE

Zum Knoche

BAD VILBEL

HIMMELSGESÖFF
IM GERIPPTE

APFELWEIN & HANDKÄS | KÜCHE | PREIS | AMBIENTE

„Amal in de Woch' nix koche – ess un drink beim Knoche!", emfiehlt das Schild. Beherzigt wird der Rat wohl von Vielen, denn über mangelnde Gäste kann Inhaber Manfred Wenzel nicht klagen. Auch Prominente, wie die Frankfurter Oberbürgermeisterin Petra Roth lassen sich dort ihren Apfelwein im Gerippten munden. Im Knoche hat das Gerippte mit 0,3 Liter das Idealmass für einen echten Schoppen. Bereits 1884 war der Knoche als Jägersruh bekannt. Irgendwann wurde der Utzname des damaligen Wirts zum Namen des Lokals. Angeblich soll dieser auf alles eine Antwort gewußt haben, ein echter Knoche eben. Die Spezialitäten des Hauses werden unter anderem auf einer Kreidetafel angezeigt. Die Karte variiert alle drei Tage. Ochsenbrust mit Frankfurter Grüner Soße, Rinderleber Berliner Art mit Kartoffelbrei oder Rippchen und Lammbohnenragout gibt es zu moderaten Preisen. Die Knoche'platte (Hausmacher Wurst, Schinken und Salat) gibt es zu 7,10 Euro. Kochkäse wird selbst hergestellt. Für Fleischverweigerer: Gemüserösti mit Rahmchampignons. Legendär ist das zwiegebackene Brot mit fast schwarzer Kruste. Der romantische Biergarten der Gaststätte bietet 120 Plätze.

Jörg-Uwe Hahn, FDP-Politiker

KELTEREI GASTSTÄTTE ZUM KNOCHE
RATHAUSSTRASSE 4
61118 BAD VILBEL-MASSENHEIM
TELEFON 06101-42563

GEÖFFNET
TÄGLICH AB 17 UHR
DO RUHETAG

WWW.ZUMKNOCHE.DE

Zum Landsknecht

ALTENSTADT

WO DER LANDSKNECHT WACHT

BEWÄHRT & BÜRGERLICH

KÜCHE

PREIS

AMBIENTE

Schon lange gibt es sie nicht mehr, die Söldnertruppen, mit lanzentragendem Fußvolk (Lanzknechte). Bereits im 17. Jahrhundert wurden sie von stehenden Heeren abgelöst. In dem beschaulichen Altenstädter Ortsteil Lindheim erinnert das Hotel-Restaurant „Zum Landsknecht" an die einst mutigen Kämpfer. Die Familie Agbaba bietet ihren Gästen dort Genuss und

Entspannung in angenehmer Atmosphäre und gepflegter Gastlichkeit. Geboten wird gehobene und internationale Küche mit passendem Weinkeller. Bei sommerlichen Temperaturen wird auch im Gartenrestaurant serviert. Busgesellschaften werden nach vorheriger Anmeldung bewirtet. Für Familienfeiern, Betriebs-und Vereinsfeste bietet der Landsknecht einen Wintergarten. Gerne nachgefragt werden sättigende Portionen an Fleisch und Fisch. Die Speisekarte liefert für Ortsfremde einen geschichtlichen Abriss Lindheims. Bereits 1327 wurde Lindheim als Burg und 1342 als Stadt bezeichnet. Weit über seine geschichtlichen Grenzen hinaus ist Lindheim durch seine Hexenprozesse bekannt. Der Lindheimer Schriftsteller Leopold von Sacher-Masoch nutzte den Hexenturm von 1890 bis 1895 als Theaterkulisse. Vom Lindheimer Schloss sind nur noch Reste erhalten. Der Landsknecht empfiehlt seinen Gästen einen Spaziergang durch das Dorf, um sich Hexenturm, Kirche und Schloss anzuschauen. Für Übernachtungsgäste stehen vier Doppelzimmer und zwei Einzelzimmer zur Verfügung, die mit Kabel-TV und Direktwahl-Telefon ausgestattet sind.

HOTEL-RESTAURANT
ZUM LANDSKNECHT
ALTENSTÄDTER STRASSE 45
63674 ALTENSTADT-LINDHEIM
TELEFON 06047-5064

MO UND DI
VON 17.30 BIS 23.30 UHR
MI BIS SO
VON 11.30 BIS 14.30 UHR
UND 17.30 BIS 23.30 UHR

Zum Niddertal

SCHOTTEN

WO DIE SCHMIDTS AUFTISCHEN

HEIMATLICH & RUSTIKAL

KÜCHE

PREIS

AMBIENTE

Im überdachten Freisitz sein kühles Bier an der vorbeifließenden Nidder zu genießen, ist schon etwas Besonderes. Wer dazu Lust verspürt, kann dies in der Speisegaststätte Zum Niddertal nach Herzenslust tun. Wird es kühl oder regnerisch, bietet die Gaststätte im rustikalen Stil Platz für 40 Personen. Vogelsberger Hausmannskost in behaglicher Atmosphäre steht im Mittelpunkt. Bereits 1880 wurde die Gaststätte gegründet. Damals meldete Johann Jost Schmidt ein Gewerbe als Schildwirth zum Beherbergen und als Spezereikrämer für Gemischtwaren an. 1908 wurde das Gasthaus um einen Saal und drei Gästezimmer erweitert. 1955 erhielt das Gasthaus seinen heutigen Namen. Heute finden rund 200 Personen Platz. Zu den Spezialitäten des Hauses zählen Beulches, Schlachtessen, Haxen, das Oktoberfestbüffet und Hausmacher Wurst aus eigener Schlachtung. In der Tradition der Vogelsberger Küche verbunden, werden den Gästen regelmäßig besondere Veranstaltungen und Events geboten. So gibt es Bayrische Abende mit reichhaltigem Büffet und Livemusik, Schlachtplatten oder Haxenabende mit gekochten oder gegrillten Schweinehaxen. Wer zu viel geschlemmt hat oder sich nach reichhaltigem Essen zu müde fühlt für den Heimweg, für den haben die Schmidts die ideale Lösung neben der Gaststätte parat. Die Übernachtungsmöglichkeit in einer Ferienwohnung läßt keine Wünsche offen.

SPEISEGASTSTÄTTE ZUM NIDDERTAL
NIDDERGRUND 23
63679 SCHOTTEN-BURKHARDS

TELEFON 06045-1504

MO, MI, FR, SA AB 9.30 UHR
DO UND SO

IST DIE GASTSTÄTTE
VON 14 BIS 17 UHR GESCHLOSSEN

WWW.ZUM-NIDDERTAL.DE

Zum Roßbrunnen

BUTZBACH

VIEHTRÄNKE –
SEIFENSIEDEREI – GASTHAUS

BEWÄHRT & BÜRGERLICH

KÜCHE

PREIS

AMBIENTE

Echte, italienische Küche kann man bei Familie Cetrangolo im Roßbrunnen genießen. 24 verschiedene Pizzen stehen zur Auswahl, 22 Nudelgerichte, zehn Medaillons und Fischgerichte und viele weitere Spezialitäten. Täglich gibt es frischen Barsch, Lachs, Seeteufel, Schwertfisch, Goldbrasse und Muscheln. Das Gasthaus steht an einem historisch bedeutsamen Platz Butzbachs. Als Haus „bey dem rosseborne unde bey der wede" wird es bereits 1350 in einer Darmstädter Urkunde erwähnt. Hier wurde über Jahrhunderte hinweg das Vieh getränkt. Bis in die fünfziger Jahre dieses Jahrhunderts spendete der Brunnen frisches Wasser. Angaben zu den Hausbesitzern lassen sich bis ins 18. Jahrhundert zurückverfolgen. Damals betrieb Friedrich Arndt eine Seifensiederei und Georg Djelius eine Bierbrauerei im Haus Roßbrunnen. Später kam das Gebäude in den Besitz eines Buchbinders, war Waschküche, Viehstall und Metzgerei. 1906 wurde das Gasthaus „Zum Roßbrunnen" eröffnet. Am 29. November 1984 wurde das Gasthaus als rustikales Altstadtrestaurant, unter Leitung der Familien Pesce und Attore neu eröffnet. Seit 1. Januar 2007 wird es von der Familie Cetrangolo geführt, die kulinarische Akzente in Butzbach und Umgebung setzt. Beliebt sind die frisch zubereiteten Nudeln mit so leckeren Füllungen wie Trüffel, Parmaschinken und Feigen oder Lachs. Im Sommer laden Stühle vor dem Gasthaus zum gemütlichen Plausch ein. Zum Angebot des Hauses zählen auch Party- und Lieferservice.

GASTHAUS
ZUM ROSSBRUNNEN
ROSSBRUNNENSTRASSE 2
35510 BUTZBACH

TELEFON 06033-65199

GEÖFFNET
TÄGLICH
VON 11.30 BIS 14.30 UHR
UND VON 17 BIS 24 UHR

Zum Seewirt

GEDERN

TROSTS LOCATION
AM SEE

KIND & KEGEL | KÜCHE | PREIS | AMBIENTE

Michael Trost ist ein Allrounder in Sachen Gastronomie. In Gedern, wo er 1973 das Licht der Welt erblickte, betreibt er nicht nur das Restaurant Zum Seewirt, sondern auch einen Biergarten an der Kirche. Bei Biergartenwetter werden dort 40 Sitzplätze im Innenhof zwischen Fachwerkhaus und angrenzender Scheune vorgehalten. Hier, in der Frankfurter Straße, kann der Gast kleine Gerichte genießen wie Spareribs, Tiroler Schinkenplatte, Schmalzbrote und frisch gebackene Brezeln. Getränke werden an der Theke abgeholt. Radfahrer, Wanderer, Kinder, Hunde und Motorradfahrer sind im Biergarten willkommen. Gern gesehen sind auch Gäste, die sich nach typisch bayrischer Art ihr Essen mitbringen. Der Seewirt wurde im Mai 2005 eröffnet. Das Restaurant verfügt über Sonnenterrasse und gemütliche Camperstube. Drinnen wird oberhessische und italienische Küche zu einem ausgezeichneten Preis-Leistungsverhältnis kredenzt. Die 7600 Einwohner Kommune mit insgesamt fünf Stadtteilen, beherbergt Esskulturen von hoher gastronomischer Qualität. Am Gederner See selbst, wo der Seewirt situiert ist, betreibt Trost auch einen Ruderboot- und Tretbootverleih sowie eine Minigolfanlage. Freizeitmöglichkeiten nach einem guten Essen gibt es rund um den See in ausreichender Zahl. Am See selbst findet der Besucher einen Campingpark, ein Feriendorf und ein Hallenbad. Bei Michael Trost ist der Gast also gut aufgehoben. Mit 22 Jahren wurde er Konditor- und Bäckermeister und ist damit Hessens jüngster Handwerks-Doppelmeister.

RESTAURANT ZUM SEEWIRT
AM GEDERNER SEE 10
63688 GEDERN

TELEFON 06045-954926

MI UND DO 18 BIS 23 UHR
FR UND SA 11.30 BIS 14
UND 18 BIS 22 UHR
SO- UND FEIERTAGE
11.30 BIS 21.30 UHR
WWW.MICHAEL-TROST-GEDERN.DE

Zum Stern

BUTZBACH

ERSTE ADRESSE FÜR REISENDE

BEWÄHRT & BÜRGERLICH | KÜCHE | PREIS | AMBIENTE

In kulinarischer Hinsicht haben Hessen und Bayern Berührungspunkte, zumindest in der Weiseler Straße in Butzbach. Dort ergänzt sich die hessische Spezialität Bandnudel „Schöne Wetterau" perfekt mit dem Schweinebraten mit Bayrisch Kraut und Knödel. Wahlweise gibt es auch schwäbische und norddeutsche Spezialitäten. Da die Gerichte alle frisch zubereitet werden, braucht man manchmal etwas Geduld. Der Bistrobereich bietet eine interessante Auswahl an Getränken, Cocktails, Longdrinks und internationale Kaffeespezialitäten. An Samstagen und Sonntagen gibt es ausgewählte Kuchenkreationen. Im Biergarten kann man die Seele baumeln lassen oder ereignisreiche Tage bei einem gemütlichen Glas ausklingen lassen. Beim Gastronomiepreis Hessen 2007 erreichte das Restaurant in der Kategorie „Biergarten" den 3. Platz. Direkt am Weiseler Tor gelegen, ist es seit Generationen eine erste Adresse für Reisende. Heute zählt es zu den bedeutendsten Butzbacher Kulturdenkmälern. Die Geschichte läßt sich anhand von Fachwerkbalken bis in das Jahr 1368 zurückverfolgen. Urkundlich erwähnt wurde das Haus erstmals 1414. Das Gasthaus ist eng verbunden mit der Geschichte der Familie Melchior, einer der Gründerfamilien der Licher Brauerei. Im 17. Jahrhundert wohnte die Familie Heinzberger im Haus, die Wert auf einen Tanzsaal legte, der sich um 1570 im Obergeschoss befand. 1729 war der Stern vermutlich eine Garküche, die am Marktplatz Speisen feilbot. 1786 war der Ruf des Hauses so gut, dass dort Delegierte des Butzbacher Landtages logierten.

RESTAURANT ZUM STERN
WEISELER STRASSE 36
35510 BUTZBACH

TELEFON 06033-60330
FAX 06033-973786

DI BIS SO 11.30 BIS 15 UHR
UND 17.30 UHR BIS ZUM SCHLUSS

MO RUHETAG

WWW.ZUM-STERN-ONLINE.DE

E-MAIL:RESTAURANTZUMSTERN
@T-ONLINE.DE

Zum Stern

BÜDINGEN

STERN
DES GUTEN GESCHMACKS

SCHICK & INTERNATIONAL

KÜCHE

PREIS € € €

AMBIENTE

Bereits am Eingang des gepflegten Hauses, mit seinen barocken Formen, ist das Flair des historischen Feinschmecker-Restaurants „Zum Stern" zu spüren. Hier, unweit des Jerusalemer Tores, ließ es sich schon Albert Einstein munden. Geboten wird gehobene deutsche und mediterrane, feine Küche in stilvollen Räumen. Eine einmalige Aussicht auf Büdingens Vorstadt ist auf der gemütlichen, an kühlen Tagen beheizten Dachterrasse mit 64 Sitzplätzen möglich. Bis in den späten Herbst hinein kann man dort, umgeben von Weinreben und Glyzinien einige schöne Stunden verbringen. 1755 bis 58 wurde der städtische Gasthof „Stern" erbaut und eingeweiht. 1840 ging der Gasthof in Privatbesitz über. 1902 wurde die überdachte Veranda errichtet und 1908 der Saal erbaut. 1925 wurde der „Stern" seit 75 Jahren von der Familie Waltz geführt und ging von 1943 bis 59 in fürstlichen Besitz über. Nach einigen privaten Inhaberwechseln ist seit 1. Dezember 2004 Nicole Schäfer die Inhaberin, die das Restaurant gemeinsam mit Küchenmeister Wilhelm Knaf führt. Auf der Speisekarte finden sich viele kulinarische Überraschungen, aber auch traditionelle Gerichte voll Raffinesse. Das Haus ist außerdem für eine gute Auswahl an Edelbränden, Grappa und ausgesuchten Weinen bekannt. Für die freundliche Atmosphäre sorgt das kompetente Servierteam. Zu den prominenten Gästen zählten Paranormalist Uri Geller, Misses Germany 2003 Ramona Kremer oder der Olympia-Hürdenläufer Edgar Itt, die unvergessliche Momente im „Stern" genossen.

RESTAURANT ZUM STERN
VORSTADT 3
63654 BÜDINGEN

TELEFON UND FAX 06042-3584

ÜBER DIE GESAMTE
FREILUFT-SAISON

TÄGLICH GEÖFFNET

WWW.RESTAURANT-ZUMSTERN.DE

Zum Storchennest

ALTENSTADT

ADEBARS DOMIZIL
MIT STIL

BEWÄHRT & BÜRGERLICH

KÜCHE

PREIS € €

AMBIENTE

Die Attrappe eines Storchs im Nest schmückt den Eingang. Das Restaurant „Zum Storchennest" im bürgerlichen Stil liegt nur knapp 400 Meter vom tatsächlich existierenden und fast schon legendären Storchennest auf dem Schornstein des Westernacherschen Hofgutes entfernt. Unter großen Mühen gelang es den Naturschützern mit Wilhelm Fritzges an der Spitze und dem verstorbenen Büdinger Ornithologen Gerhard Strack, wieder Weißstörche rund um Lindheim anzusiedeln. Die Schaffung von Biotopen und Flachwasserseen mit einem guten Nahrungsangebot und die von den Naturschützern seit 2002 vorgenommenen Nestreinigungen, haben dazu beigetragen, den Bruterfolg des Storchenpaares Wilma und Wilhelm zu sichern. Im Lindheimer Storchennest kann man via Webcam live das Geschehen im Storchennest verfolgen und quasi eine kleine Peepshow im Privatquartier des Storchenpaares beobachten. Wer nach der anstrengenden Beobachtungszeit Hunger und Durst verspürt, wird herzlich bewirtet. Als Erfrischungsgetränk ist der frische Süsse direkt von der Presse zu empfehlen. Auf einer Schiefertafel findet sich eine Auswahl von Cocktails und für Biertrinker gibt es Brinkhoffs Nummer 1. Schmackhaft sind die Gerichte für den kleinen Appetit, wie Flickschuster. Dahinter verbirgt sich ein würziges Rumpsteak mit Zwiebeln, Champignons, Grilltomate und Salatgarnitur. Daneben finden sich Nudelgerichte wie die Riesengarnelen-Pfanne auf hausgemachten Spaghetti für 12,50 Euro, Schnitzelgerichte, Rumpsteak aus Argentinien und 13 verschiedene Gerichte vom Grill.

RESTAURANT ZUM STORCHENNEST
AM FESTPLATZ 2
63674 ALTENSTADT
TELEFON 06047-5410

GEÖFFNET
MI BIS SA 17.30 BIS 24 UHR
SO 11.30 BIS 14 UHR
UND 17.30 BIS 24 UHR

MO UND DI RUHETAGE

Zum weißen Roß

NIDDA

SALAT
MIT FLEISCHWURST

HEIMATLICH & RUSTIKAL

KÜCHE

PREIS

AMBIENTE

Bahnreisenden ist das Gasthaus „Zum weißen Roß" nicht unbekannt. Einst führte die Strecke Nidda-Schotten durch den Niddaer Stadtteil Kohden, wo das stattliche Gasthaus noch heute zu finden ist. Unter der Regie von Giuseppe Coduri und seinem Team, gibt es dort ausgesuchte Schlemmergerichte wie Schweinemedaillons in Whiskysauce mit Buttergemüse, Blutwurst mit Bratkartoffeln und Spiegeleier, Grillteller oder Toasts für den kleinen Hunger. Bürgerlich präsentiert sich der Gastraum. Der Biergarten liegt von der Straße abgewandt, am rückwärtigen Teil des Hauses. Der gemütliche Freiluftplatz ist mit Büschen und Kletterrosen eingefaßt und wirkt einladend. Empfehlenswert ist das Carpaccio vom Bündnerfleisch und im Sommer komplettieren diverse Salate mit Putenstreifen und Champignons, Fleischwurst oder Garnelen die Speisekarte. Auch Fischgerichte und eine Auswahl für Vegetarier kommen bei Bedarf auf den Tisch. Jeden ersten Dienstag im Monat gibt es Grillhähnchen im Angebot. Passend zu den Gerichten werden Getränke vorgehalten. Zehn verschiedene offene Weine aus Deutschland, Italien und Frankreich, drei Biere vom Fass, Licher, Kölsch und Licher Weissbier sind im Ausschank. Alle Gerichte sind übrigens auch zum Mitnehmen. Von Mai bis Oktober werden halb oder ganztägig geführte Radtouren auf den Vulkanradweg angeboten. Abfahrten sind vor der Gaststätte mit dem Vulkanexpress bis zum Hoherodskopf. Bei Übernachtung ist eine Garage für die Räder vorhanden.

GASTHAUS ZUM WEISSEN ROSS
HOHERODSKOPFSTRASSE 35
63667 NIDDA

TELEFON 06043-985040

TÄGLICH VON 17 BIS 22 UHR
SO- UND FEIERTAGE
VON 11.30 BIS 22 UHR
MO RUHETAG

WWW. ZUM WEISSEN ROSS.DE

Zum Wilden Mann

GREBENHAIN

KEIN NORMALES WIRTSHAUS

HEIMATLICH & RUSTIKAL | KÜCHE | PREIS | AMBIENTE

Vis-a-vis des Deutschen Hauses steht die 2001 eröffnete Kulturscheune „Zum Wilden Mann". Der ehemalige Bauernhof aus dem 18. Jahrhundert wurde mit viel Liebe und Eigenleistung zu einem Kleinod umgebaut. Klingt der Name auch furchteinflößend, so ist die Namensgebung doch bewußt gewählt. Ihren Namen erhielt die Scheune nämlich nach einer Fachwerkkonstruktion die „Wilder Mann" heißt. An dem Gebäude selbst lassen sich vier verschiedene Abbilder dieser „hölzernen Männer" bewundern. Dies ist kein normales Wirtshaus. Die architektonische Gestaltung ist ungewöhnlich und überzeugt mit stilvollen Räumen und einem großzügig geschnittenen, romantisch verspielten Innenhof. Eine Gastronomie, die neben Atmosphäre auch eine entsprechende Gastlichkeit bietet. Gründe, Gäste einzuladen, Feste zu feiern oder Events zu organisieren, gibt es genug. Im „Wilden Mann" kann man ausgelassen tanzen, „Wild" essen oder die Spur der wilden Männer im Fachwerk verfolgen. Kulinarische und kulturelle Unterhaltung ist für jeden Anlass und jede Personenzahl garantiert. Brunch gibt es an jedem zweiten Sonntag im Monat. In kühlen Spätsommernächten kann man sich in den Innenraum zurückziehen. Der Raum ist mit Holzbackofen und offenem Kamin für 140 Personen ausgestattet. Hier wurden mit moderner Nostalgie bewußt Akzente gesetzt. Bei entsprechenden Temperaturen bietet der Innenhof Platz für zusätzlich 100 Personen. Er kann auch als Veranstaltungsort für Märkte und Theater genutzt werden.

KULTURSCHEUNE
ZUM WILDEN MANN
FULDAER STRASSE 4
36355 GREBENHAIN-BERMUTSHAIN
TELEFON 06644-919880

GEÖFFNET
WENN VERANSTALTUNGEN STATTFINDEN

WWW.DAESCH.DE

Zur Birke

SCHOTTEN

BÜFFETS
BEI HÄHNEKRÄHEN

BEWÄHRT & BÜRGERLICH

KÜCHE

PREIS €€

AMBIENTE

Gerichte wie zu Omas Zeiten schmecken besonders gut in der Birke. Zur Gaststätte im Landhausstil gehört ein behaglich eingerichtetes Nebenzimmer mit Kachelofen, ein variantenreich teilbarer Bankettsaal mit viel Platz und eine Außenterrasse direkt am Bachlauf der Nidder. Hier kann man Landleben genießen und auch schon einmal einen Hahn krähen hören, der

auf einem der landwirtschaftlichen Höfe im Schottener Ortsteil Burkhards beheimatet ist und glücklicherweise nicht im Kochtopf landet. In der Birke werden Spezialitäten der Region angeboten. Die saisonalen Angebote erstrecken sich über Vogelsberger Schlacht-, Kartoffel-, Wild-, Rinder-, Lamm-und Spargel-Büffets. Auch Candle-Light Dinner mit Überraschungsmenüs werden nachgefragt. Für Gerstensaftliebhaber wird eine große Auswahl an Biersorten vom Fass vorgehalten. Der Drei-Sterne Gasthof ist Partnerbetrieb des Vulkanradweges und von Bett & Bike sowie Mitglied im Hotel-und Gaststättenverband, im Verein Bonifatiusroute und im Vogelsberger Höhen-Club und bietet auch für Radfahrer und Wanderer gepflegte Gastlichkeit und einen stimmigen Service an. Übernachten kann man in neun Doppelzimmern und einem Einzelzimmer. Weitere 25 Zimmer sowie ein Tagungsraum sind als Gebäudesubstanz bereits vorhanden und werden in den kommenden Jahren nach und nach fertiggestellt. Die Geschichte des Landgasthofes reicht bis in das Jahr 1839 zurück. Seitdem wurde das Haus immer wieder erweitert und modernisiert. Die Gemütlichkeit blieb jedoch immer erhalten.

LANDGASTHAUS ZUR BIRKE
NIDDERGRUND 7
63679 SCHOTTEN-BURKHARDS

TELEFON 06045-4537

MO AB 17 UHR
DI, DO, FR, SO VON 10 BIS 14 UHR
UND AB 17 UHR, SA AB 10 UHR
MI RUHETAG

WWW.ZUR-BIRKE.COM

Zur Traube

NIDDA

SAISONALE BIERSPEZIALITÄTEN

HEIMATLICH & RUSTIKAL | KÜCHE | PREIS | AMBIENTE

Die „Traube", Niddas traditionsreichste Hotel- und Gastronomieadresse, ist der Geheimtipp des Polit-Profis Roland Koch, unter den schönsten Lokalen für den Sommer. Er liebt besonders das dunkle Bier und das Ambiente. Direkt am Marktplatz gelegen, verwöhnt die Traube mit uriger Gemütlichkeit und freundlicher Gastlichkeit. Besonders beliebt ist das naturtrübe Bier

„Niddaer Marktbräu" aus der hauseigenen Brauerei. Kenner schätzen die saisonalen Bierspezialitäten wie Mai- und Weihnachtsbock, Hefeweizen im Sommer oder das Fastenbier zur Karnevalszeit. Spannend ist es für die Gäste, den Brauvorgang hautnah zu beobachten, da die Brauerei in die Gasträume integriert ist. Das Restaurant setzt Maßstäbe. Geschätzt durch seine erlesene regional geprägte Küche, lassen sich raffinierte oberhessische Spezialitäten probieren. „Die Traube" ist ein stilvolles, traditionelles Hotel mit exclusiver Ausstattung. Das Bier läßt sich sowohl an der Theke trinken, als auch in der Gaststätte auf zwei Etagen, der Bierschwemme im Kellergeschoss oder auf der Terrasse. Feiern und tagen oder stilvoll logieren und schlafen ist möglich.

HOTEL ZUR TRAUBE
NIDDAER GASTHOFBRAUEREI
MARKT 21

63667 NIDDA
TELEFON 06043-40470, FAX 404710

MO BIS DO 11 BIS 14.30
UND 17 BIS 24 UHR

FR 11 BIS 14.30 UND 17 BIS 1 UHR
SA 11 BIS 1 UHR, SO 10 BIS 24 UHR

WWW.HOTEL-ZUR-TRAUBE.DE

Tipp: Roland Koch, Polit-Profi

Zur Traube

BLEICHENBACH

FETTE KOTELETTS

BEWÄHRT & BÜRGERLICH | KÜCHE | PREIS | AMBIENTE

Radfahrer aus Bruchköbel und Rosbach machen in der Gaststätte „Zur Traube" Zwischenstation, wenn sie nach Selters oder Stockheim fahren, um auf den Vulkanradweg einzusteigen. Gastwirt Bernd Syring führt die Gaststätte seit 2000. Er hat sich auf die Radsportler eingestellt und bietet eigens für sie Fitnessteller, Salatteller und vegetarische Gerichte an. Im Grunde eine einfache Rechnung: Leichte Kost für eine schöne Radtour durch die herrliche Natur, mit entsprechendem Angebot. Seit über 130 Jahren gibt es den Familienbetrieb, der 1872 von Johannes Kraft dem 17. als Schankwirtschaft eröffnet wurde. Bleichenbach hatte damals 730 Einwohner und war ein wichtiger Knotenpunkt für die umliegenden Gemeinden, denn bereits im Oktober 1870 wurde die Bahnstrecke Nidda-Gelnhausen eröffnet und Bleichenbach erhielt eine Bahnstation. Gästen der Traube stehen vier verschiedene Räume mit einem Platzangebot von bis zu 245 Personen zur Verfügung, eine Theke und ein Biergarten vor dem Haus. Die Räume sind bürgerlich eingerichtet. Zu den Spezialitäten der Traube gehören „fette Koteletts" mit Brot, wobei sich fett auf das Gewicht von bis zu einem Kilogramm pro Kotelett bezieht.

Wegen dieser Spezialität kommen die Leute aus dem Main-Kinzig-Kreis und aus Giessen. Wer Hausmannskost liebt, geht aus der Traube als zufriedener Gast. Gegrillte Schweinshaxen, Schlachtplatte, Bauchscheiben, Schäufelchen oder Kammrippchen werden gerne nachgefragt. Viele Gerichte werden außer Haus geliefert.

GASTSTÄTTE ZUR TRAUBE
GLAUBURGSTRASSE 7
63683 ORTENBERG-BLEICHENBACH

TELEFON 06041-291

DI BIS FR VON 17 BIS 1 UHR
SA VON 12 BIS 1 UHR

SO VON 10.30 BIS 14 UHR
UND VON 17 BIS 22 UHR

WWW.
GASTSTAETTE-ZUR-TRAUBE.DE

Inhaltsverzeichnis

IN ORTS-ALPHABETISCHER REIHENFOLGE

Inhalt

SCHÖNSTE PLÄTZE FÜR DEN SOMMER NACH KATEGORIEN

EDEL & FEIN

KIND & KEGEL

WALDNAH & WANDERBAR

SCHICK & INTERNATIONAL

Büdingen – *Zum Stern* **77**
Butzbach – *Havanna Bar* **29**
Butzbach – *Playa Beach Club* **47**
Gedern – *Schlosshotel* **55**
Karben – *Neidharts Küche* **45**
Karben – *Quellenhof* **49**

HEIMATLICH & RUSTIKAL

Aulendiebach – *Wild-Stubb* **66**
Grebenhain – *Deutsches Haus* **22**
Grebenhain – *Zum Felsenmeer* **68**
Grebenhain – *Zum Wilden Mann* **80**
Hirzenhain – *Fuchsbau* **24**
Nidda – *Gottmann* **27**
Nidda – *Zur Traube* **82**
Nidda – *Zum weißen Roß* **79**
Ortenberg – *Hotel Rotlipp* **36**
Ortenberg – *Zum Brunnenbach* **67**
Schotten – *Hoherodskopfklause* **34**
Schotten – *Zum Niddertal* **73**

Hitliste

UNSERER GANZ PERSÖNLICHEN FAVORITEN

APFELWEIN & HANDKÄS

Ortenberg
Apfelweinkelterei Haas **12**
Friedberg
Zum Gerippte **69**
Bad Vilbel
Zum Knoche **71**

BEWÄHRT & BÜRGERLICH

Friedberg
Friedberger Brauhaus **23**
Gedern-Steinberg
Landgasthof Wolf **41**
Büdingen
Schlossmühle **56**

EDEL & FEIN

Friedberg-Dorheim
Großfeld **28**
Bad Nauheim
Hotel Johannisberg **35**
Florstadt
Schloss Ysenburg **54**

KIND & KEGEL

Glauberg
Bahnhof Glauberg **13**
Schotten
Berggasthof Hoherodskopf **15**

WALDNAH & WANDERBAR

SCHICK & INTERNATIONAL

HEIMATLICH & RUSTIKAL

Die Autorin

GEORGIA LORI

Die Autorin wuchs unweit der Fürstenstadt Büdingen im Wetteraukreis auf. Nach zwei abgeschlossenen Berufsausbildungen als Bankkauffrau und Physiotherapeutin, wagte sie 1992 den Sprung in den Journalismus.

Georgia Lori schreibt als freie Journalistin für diverse Tageszeitungen der Region. In ihrer Freizeit unternimmt sie Reisen, fotografiert oder ist mit Stift und Skizzenblock unterwegs. Häufig wird sie dabei von ihrem Sohn Robin-Nicola begleitet.

Als Ausgleich zur journalistischen Tätigkeit schreibt Georgia Lori bevorzugt Lyrik, die in Anthologien und der Zeitschrift „Für Sie" publiziert wurde, sowie Prosa und Kurzgeschichten.

Als Wetterauerin tief verwurzelt mit der Kulturlandschaft Wetterau und ihren repräsentativen Städten, erkundet sie nach Ausflügen die versteckten idyllischen Gasthöfe und gemütlichen Ausflugslokale der Wetterau und des Vogelsberges. Lokalitäten für den Sommer, rebenberankt und oft versteckt gelegen, in deren angenehmer Atmosphäre sie gerne einen trockenen Rotwein genießt. Lokale, wie sie auch in diesem „Genießen unter freiem Himmel" vorgestellt werden.

EBENFALLS SIND IN DIESER REIHE ERSCHIENEN

ISBN; 978-3-938783-01-6
Preis: 12 Euro

AUSSERDEM SIND ERSCHIENEN

WEITERE AUSGABEN IN VORBEREITUNG

ISBN 978-3-938783-01-6
Preis: 12 Euro

Deutsche Weinstraße, Mainz, Rheingau, Taunus, Wiesbaden

BILDNACHWEIS: Seiten 27 und 58: Familie Gottmann bzw. Familie Schuchmann (Websites), alle anderen: Georgia Lori, Umschlagmotiv: B3 Verlag